深爱你 圳等你

Shenzhen Next Shenzhen Next

从这本书开始爱上深圳

all in Love with Shenzhen from This Book

SZ ❤ U

深圳市人才工作局 编著

深圳报业集团出版社

Shenzhen Loves and Longs for You

诚挚邀请世界各地热爱音乐的朋友们来到深圳，
感受深圳的美和深圳的韵律。

我们这片土地一定能够培养出深派的艺术大师，
我们有这样的信心，
也有这样的决心。

叶小钢

中国音乐家协会主席

我都要在这实现我的
下一个梦想了，
那么年轻的你们快点来呀。
我来了，你呢？

现在我非常同意深圳的
另外一个别称：梦想之都。

颜宁

深圳医学科学院院长

非常欢迎全球各地的创新创意人才
来深圳发展。

深圳是一个敢于把金钱、时间、效率
刻在街头的城市，历史在这里松了松缰绳，
伯乐涌现，多少千里马奔跑了起来。

孙磊

飞亚达精密科技股份有限公司总设计师

欢迎全球优秀的年轻人来到深圳，
实现你的梦想。

深圳是一个非常神奇的地方，
很多疯狂的想法最后都变成现实，
确实非常感激这些年深圳对疯狂想法的包容、支持，
让它们一点一点地变成现实。

李泽湘

深圳科创学院发起人

我希望大家赶紧来深圳，
赶快来深圳，机不可失。

深圳是世界的深圳。

郑永年

前海国际事务研究院院长

在这儿，你可以大展宏图，
欢迎来到深圳，加入我们。

埃菲·杰曼诺夫

南方科技大学深圳国际数学中心主任

深圳作为一座创新城市，
在以数学学科为基础的信息革命中，走在世界前列。

Shenzhen Loves and Longs for You

我想对所有来深圳的年轻朋友说一句：
“深圳一定不会让你失望的。”

这就是深圳的魅力，创业者无处不在，
跟人谈梦想都不是一件让人觉得尴尬的事。
永远有人理解你，支持你，愿意帮助你，
你永远都不会感到孤独。

王永锟

斯坦德机器人（深圳）有限公司创始人兼CEO

期待深圳未来成为有国际影响力的
时尚大都市。

未来我们中国品牌在世界的发声，
离不开我们一直以来的这种人才的穿梭，
城市之间的穿梭。

赵卉洲

艺之卉时尚集团创始人兼首席设计师

如果你和我一样不服输，如果你和我一样
都想拔刺、都想把大象装进冰箱，来深圳！

在深圳，把大象装进冰箱分四步：
大胆想、打开门、勇敢装、别关门！
大象会和冰箱一块儿越长越大！

肖清雄

全国技术能手

为什么大家都喜欢深圳？
因为这里有吸引人的政府、
社会、意识和环境，
还有一点是深圳非常年轻。

徐扬生

香港中文大学（深圳）校长

全世界都没有这么年轻的城市，
怀揣梦想，艰苦创业，在深圳一定有出路。

我觉得深圳是一个神奇的地方，
做好你自己就一定会成功。

深圳的优势，在于为人才提供了特别好的环境，
充分信任和授权人才。

高文

鹏城实验室主任

深圳是一片创新创业的热土。

大家一起努力，
一定能够做出一番伟大的事业。

沈向洋

IDEA研究院创院理事长

前言

PREFACE

深圳欢迎你！

“深”，既是山川的刻度，时代的纵深，也是呼唤你的一往情深；“圳”，则是河流的开放和包容，是绵延了 260.5 公里的海岸线，抚慰你未知的人生，引导航向。

这座城市，是年轻而沉稳的水手，少年心气，胸有成竹，此刻，呼唤着你新的壮志和才情！——这座中国最迷人的城市，面对时代契机，抖擞起了精神，一如四十多年前，雨浪翻涌，初出茅庐，势如破竹。

“深”爱人才，“圳”等您来！

深圳，将对人才的无限尊重，刻入城市基因。人才，在深圳获得了更大的发展机遇；人才，赋予了“未来之城”无限的想象空间。

此书，既是这座城市及其人才政策的介绍，更是一封为你而写、真诚炙热的邀请函。

我们相信，即将打开本书的你，将被“深圳引力”环绕——它来自开放包容的城市气质与文化、完善的产业链和创新创业体系、高效开明的行政效率和办事作风、发达的资本市场和金融体系、优良的投资环境和气候环境……每个渴望发光发热的个体，都需要一座同样在努力的“奇迹之城”。

我们相信，城市和人才“双向奔赴”，必将相互成就。和我们一起，工作、阅读、喝咖啡、听音乐，在高楼之间创造，在山海之中停泊。朝阳初升，星月流萤。“永远有人理解你、支持你，愿意帮助你，你永远都不会感到孤独。”

对酒当歌，人生几何！

回首来路，深圳青春满怀。一代代特区建设者，披荆斩棘、艰苦创业，将昔日落后的边陲小镇、荒滩渔村建成了繁华的现代都市。百姓梦想，从五湖四海奔涌而来，追逐改革开放的星辰大海。

牢记使命，深圳展开天地。逢山开路、遇水架桥、大胆探索。从“杀出一条血路”到“走出一条新路”，从“开山第一炮”到“南下弄潮”，无数“拓荒牛”，敢为人先，埋头苦干，勇敢改写命运的定义。

“青青子衿，悠悠我心。但为君故，沉吟至今。”深圳将与你携手，努力续写更多“春天的故事”，努力创造让世界刮目相看的新的更大奇迹。

深圳市人才工作局

（目录）

ontents

hienzhen
.oves
ınd Longs
or You

第一章 Chapter 01 → 深 P10~P73

赠你一幅肖像画

P12~P37

因改革而生　以创新为魂 P13

依海洋而兴　自东南崛起 P14

这座城市的荣耀由你创造 P18

你将在这里实现人生理想 P22

让人才在重大战略创新平台展翅高飞 P34

深爱人才
圳等您来

为你生活作导览

P38~P73

出行指南：每个站台都是人生之路的节点 P39

落地生根：在作为温馨港湾的家园靠岸 P53

寻医问诊：成功者的共性是热爱生命重视健康 P56

求学有路：不断更新知识是青春城市的底气 P60

探索未知：身处科创事业蓬勃发展的乐土 P66

等你抵达第一站

P74~P79

深圳市人才园 为人才业务保驾护航 P75

前海国际人才港 打造国际人才首选地 P77

深圳市人才研修院 全市“1+N”人才研修服务体系 P78

ıll in Love with
ıenzhen
om This Book

第二章
Chapter 02 ——→ 爱  P80~P181

栽下梧桐树
引得凤凰来

P82~P94

四种方式　圆你落户深圳梦　P84

社会保障体系　托举着市民稳稳的幸福　P87

便利的出入境政策　让外籍人员就业定居更便捷　P89

品牌招聘活动　热情诚意揽英才　P93

搞事业
来深圳就对了！

P95~P164

创新篇：从“0”到“1”　P96

产业篇：从“1”到“N”　P120

资金篇：构建“资金+创新”生态体系　P142

人才篇：“深爱人才”打造天下人才归心之城　P148

创业帮
深圳给你搭建
干事创业舞台

P165~P171

企业创业项目最高可获100万元资助　P166

孵化器最高可获50万元奖励补助　P168

科技型中小微企业每年最高可获贷款贴息贴保100万元　P170

此心安处
是吾乡

P172~P181

“双百工程”　兜底民生服务社会工作　P173

民生微实事　串起幸福的，就是一件件小事　P173

幼有善育　多管齐下，陪伴孩子成长　P174

学有优教　雏鹰展翅，助困难学生圆梦大学　P175

劳有厚得　实现好维护好发展劳动者合法权益　P176

从“补短板”到“建高地”　从“病有所医”到“病有良医”　P177

老有颐养　紧跟衣食住行，陪你优雅老去　P178

弱有众扶　全力提升社会救助水平　P180

住有宜居　刷脸就可领取公积金　P181

第三章 Chapter 03 → 你 P182~P268

爱好文艺

P186~P203

品文化 P187

赏艺术 P194

看展会 P199

庆佳节 P202

畅游四方

P204~P222

逛地标 P205

观人文 P209

归自然 P214

游乐场 P219

运动达人

P223~P239

观个赛 P224

锻个炼 P228

参个赛 P232

追个星 P236

山盟海誓

P240~P243

约会吧 P241

消费天堂

P244~P254

购物城 P245

特产区 P251

吃遍百味

P255~P268

美食街 P256

老字号 P259

土特产 P261

南北味 P263

国际饭 P266

后记 P269

致亲爱的你 P270

Shenzhen,
China

深爱人才
圳等您来

Chapter
01

第一章

深

(Shēn)

Shenzhen Loves and
Longs for You

Shenzhen
Right
Left
深
Chapter
01
While crossroads confuse you, Shenzhen guides you.
每一个十字路口，都会让人迷茫，
面向深圳，一定是正确的方向。
Shenzhen Loves and Longs for You
Shenzhen Next
Chapter 01

A portrait for you

赠你一幅肖像画

Shenzhen

Chapter 01

因改革而生 以创新为魂

深圳于 1979 年 3 月建市，1980 年 8 月深圳经济特区成立。40 多年来，深圳从落后的边陲小镇发展成为一座现代化国际化大都市，创造了世界发展史上的奇迹。2019 年 8 月，中共中央、国务院印发《关于支持深圳建设中国特色社会主义先行示范区的意见》，深圳再次迎来新的重大机遇和光荣使命。按照“高质量发展高地”“法治城市示范”“城市文明典范”“民生幸福标杆”“可持续发展先锋”定位要求，深圳努力续写更多“春天的故事”，努力创造让世界刮目相看的新的更大奇迹！

到 2025 年，深圳经济实力、发展质量跻身全球城市前列，研发投入强度、产业创新能力世界一流，文化软实力大幅提升，公共服务水平和生态环境质量达到国际先进水平，建成现代化国际化创新型城市。到 2035 年，深圳高质量发展成为全国典范，城市综合经济竞争力世界领先，建成具有全球影响力的创新创业创意之都，成为我国建设社会主义现代化强国的城市范例。到本世纪中叶，深圳以更加昂扬的姿态屹立于世界先进城市之林，成为竞争力、创新力、影响力卓著的全球标杆城市。

依海洋而兴 自东南崛起

没有人会喜欢千篇一律的城市风貌，人们向往的城市应该具有温度、厚度、气度。在这一点上，开放包容的深圳能满足各类人才的发展诉求。

地理

中国南部海滨城市，毗邻中国香港，地处广东省南部，珠江口东岸，东临大亚湾和大鹏湾，西濒珠江口和伶仃洋，南边深圳河与香港相连，北部与东莞、惠州两城市接壤。深圳位于北回归线以南，东经 113° 43′至 114° 38′，北纬 22° 24′至 22° 52′之间。全市面积 1997.47 平方公里，属亚热带季风气候，温润宜人，降水丰富。

全市面积 1997.47 平方公里

海域面积 1145 平方公里

市树 荔枝树、红树

市花 簕杜鹃

海岸线 总长 260.5 公里

气温 常年平均气温 23.0°C

深

区划

深圳市下辖 9 个行政区和 1 个新区：福田区、罗湖区、盐田区、南山区、宝安区、龙岗区、龙华区、坪山区、光明区，大鹏新区。2018 年 12 月 16 日，位于汕尾市的深汕特别合作区正式揭牌。◂

人口

截至 2021 年年末，深圳常住人口 1768.16 万人。作为一座年轻的移民城市，深圳吸引了来自全球、全国的创新创业创意人才相聚在此工作和生活。第七次中国人口普查结果显示，深圳市民平均年龄为 32.5 岁。◂

Shenzhen

经济

2022 年深圳经济总量 3.24 万亿元，增长 3.3%。地方一般公共预算收入 4012 亿元，工业总产值、工业增加值实现全国城市“双第一”，出口总量连续 30 年居内地城市首位。

深圳，一座奇迹之城、创新之城、未来之城
到处都是热土，到处都是舞台，到处都是机遇
当时间开启崭新篇章的书写，当目标锚向光荣梦想的远方
在这里
心之所向，聚时代之势
行之所往，赴深圳之约

扫码观看
《深圳之约》
城市宣传片

这座城市的荣耀由你创造

当初，正是五湖四海的人才汇聚，形成了“孔雀东南飞”的盛景，才使得深圳实现由一座落后的边陲小镇到具有全球影响力的国际化大都市的历史性跨越。

40 多年来，深圳创造了举世瞩目的“深圳速度”，打造了引领发展的“深圳效益”“深圳质量”“深圳标准”，开创了具有时代特色的“深圳制造”“深圳设计”“深圳品牌”。这里涌现了太多励志的奋斗故事和白手起家的财富神话。

高质量发展高地

[创新驱动]

深圳致力于打造**“基础研究 + 技术攻关 + 成果产业化 + 科技金融 + 人才支撑”**的全过程创新生态链，形成以企业为主体、市场为导向、产学研深度融合的技术创新体系，涌现出以华为、比亚迪、腾讯、大疆等为代表的一大批创新企业。

[世界 500 强]

深圳 **10** 家企业上榜 2022 年 **《财富》世界 500 强**

[国家高新技术企业]

2022 年，深圳国家高新技术企业总量超 **2.3** 万家

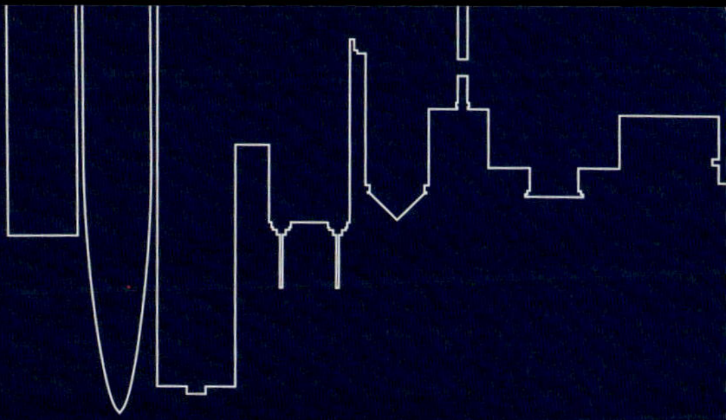

[“鹏”友圈]

截至 2022 年 9 月，深圳与全球 **57 个**国家的 **90 个**省市地区缔结了友好关系（**24 个**友城和 **66 个**友好交流城市）

[PCT 国际专利申请量]

2022 年，深圳 PCT 国际专利申请量稳居全国城市**首位**

[研发投入]

2022 年，深圳全社会研发投入**占 GDP 比重 5.49%**

[不低于 30%]

深圳明确政府投入基础研究和应用基础研究的资金不低于市级科技研发资金的 **30%**

[6 个“90%”]

90% 以上的创新型企业是本土企业
90% 以上的研发机构设立在企业
90% 以上的研发人员集中在企业
90% 以上的研发资金来源于企业
90% 以上的职务发明专利出自企业
90% 以上的重大科技项目发明专利来源于龙头企业

现代产业体系

深圳加快**创新链、产业链、资金链、人才链“四链”融合**，大力发展战略性新兴产业和未来产业，构建面向未来的现代产业体系。

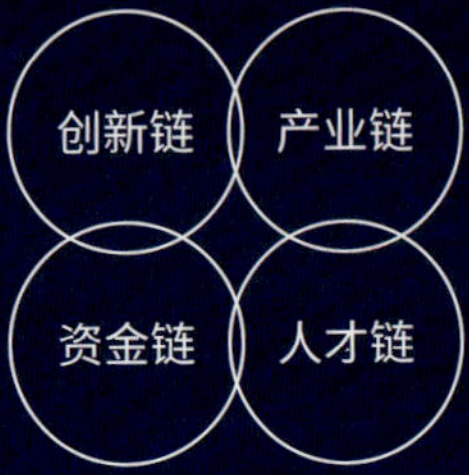

[41.1%]

2022 年，深圳战略性新兴产业增加值占 GDP 比重 **41.1%**，产业规模、发展质量和创新能力保持全国前列。

[“20+8”]

2022 年 6 月，深圳提出发展以先进制造业为主体的 **20 个战略性新兴产业集群**，前瞻布局 **8 大未来产业**。

20 个战略性新兴产业集群

网络与通信	半导体与集成电路	超高清视频显示	智能终端
智能传感器	软件与信息服务	数字创意	现代时尚
工业母机	智能机器人	激光与增材制造	精密仪器设备
新能源	安全节能环保	智能网联汽车	新材料
高端医疗器械	生物医药	大健康	海洋

8 大未来产业

合成生物	区块链	细胞与基因	空天技术
脑科学与类脑智能	深地深海	可见光通信与光计算	量子信息

扫码查看
政策原文

你将在这里实现人生理想

“时间就是金钱，效率就是生命”“空谈误国，实干兴邦”“敢为天下先”“改革创新是深圳的根，深圳的魂”“让城市因热爱读书而受人尊重”“鼓励创新，宽容失败”“实现市民文化权利”“送人玫瑰，手有余香”“深圳，与世界没有距离”“来了，就是深圳人”——以上，是深圳十大观念。

的确，深圳是个令人热血沸腾的城市。一批新理念新口号，表明了深圳的态度和价值观，吸引着五湖四海的人才在此汇聚，形成了“孔雀东南飞”的盛景。

把对人才的尊重镌刻在城市基因里

深圳，对人才的渴求与尊重一以贯之。从经济特区建立之日起，一批又一批有抱负、敢创新的海内外优秀人才来到深圳、扎根深圳，积极投身经济特区改革开放事业。

> **深圳，领风气之先。经济特区的发展史同时也是人才的奋斗史。**

“孔雀东南飞”

——在全国率先实行“劳动合同制”，打破“铁饭碗”。

——率先改革劳动分配制度，实行结构工资制。

——率先采取公开招考、公开招聘方式，面向全国选拔干部、广揽人才。

——在公务员制度、事业单位人事制度、领导干部选拔任用制度等方面推出了一系列重要改革措施。

——进一步打破人才引进身份、地域、部门、所有制等局限，推动取消人事计划单列制度等“六大取消”，进一步拓宽企业用人空间。

——2000年，建设深圳大学城，吸引北京大学、清华大学、哈尔滨工业大学在深设立研究生院。2007年筹建南方科技大学，进一步创新办学体制，打造高水平研究型大学。

——2010 年成立市人才工作领导小组。

——2011 年发布深圳历史上第一个中长期人才发展规划纲要。

——实施一系列重大人才工程，其中人才安居工程和“孔雀计划”被评为广东省人才工作十大精品工程。

“进入新时代”

——加快推进人才政策体系重构，形成“鹏城孔雀计划”与“鹏城英才计划”“一引一育”的政策双轮驱动。

——在市场机制发挥主要作用的竞争性领域，突出市场认可、市场评价，以人才市场价值、经济贡献为主要评价标准。

——在非竞争性领域，突出以事择人、人岗相适，赋予科研、教育、卫生健康、文化体育等领域用人主体更大自主权。

——大力推行简政放权，全市取消、转移、下放 129 项与人才相关的市级行政职权。

——打破人才流动壁垒，探索高校、医院等事业单位去编制化管理。

——颁布《深圳经济特区人才工作条例》，通过立法的形式，将人才政策、创新做法予以确定，提升人才工作法治化水平。

为什么要有深圳
因为中国想知道
当一群年轻人丢掉了包袱，解除了思维的桎梏
他们到底有多狠、多快、多强
他们能不能，从荒芜之地开出一片绿洲
在绿洲上竖起高塔，在高塔上升扬旗帜
在飞舞的旗帜上，绣上每一个开荒者的名字

为什么要有深圳
因为中国需要一座不信命的城市
在这个城市
聪明到不耍小聪明的人，会成功
勤奋到超越天分的人，会成功
甘于平凡但不甘平庸的人，会成功

为什么要有深圳
中国需要一座仰望星空的城市
但星空不在我们的头顶
在最危险的地方、最贫穷的地方、最泥泞的地方
我们将飞越无穷光年，摘下璀璨星辰

是的，**为什么要有深圳**
因为中国，需要不同的城市
厚重的城市、可爱的城市、四季如春的城市
自然与人文交织如画的城市
中国也需要一座能和纽约、伦敦、巴黎、东京
和整个世界从容对话的城市
中国也需要一座，满怀对这个世界最美好的想象
和整个世界，分享中国所有美好事物的城市

这是一座用匆匆步履踏响人生战鼓，在熙攘的人群中寻找无人区
把每一个年代，都当作黄金时代的城市
他有一万条向前的路，却不留一条退路
这是一座不老的城市，他抵抗住时光流转无尽之年
永远相信年轻祝福年轻拥抱年轻
因为这是对一代又一代
相信他、祝福他、拥抱他的年轻人，最好的回报

为什么要有深圳
因为再过十年，人们会说，你看
中国，为这个世界的年轻人造了一座城市

爱你们，所有为之奋斗的每一代年轻人

深爱你，圳等你

扫码观看
完整视频

海纳百川广聚天下英才

南海潮涌筑大城，天下英才重深圳。对于心怀梦想的人来说，在这座城市，能在接续而来的人生岁月中“心有所想、思有所得、行有所获”，和城市共同进步，一起迭代升级，这或许是深圳能够持续吸引人才最为核心的底层逻辑。

党的十八大以来，深圳新引进各类人才超过 **187 万人**，孕育了 **3000 多个**创新载体、10 家世界 500 强企业、**超 2 万家**高新技术企业，地区生产总值达 **3.24 万亿元**，成为一座充满魅力、动力、活力和创新力的人才之城。

截至 2023 年 6 月，深圳全市共有高层次人才 **2.4 万人**，留学回国人员超过 **20 万人**，各类人才总量超 **677 万人**。深圳已经拥有一支规模宏大、素质优良、结构不断优化、作用日益突出的人才队伍，人才工作迈上新台阶。

值得一提的是

【博士后工作站】

1995 年 7 月，深圳经批准设立深圳企业博士后工作站。到 2022 年，深圳已建立较为完善的政策环境，专项资金支出年年递增，博士后引进人数近年来增速不断上涨，科研成果多，深圳出站留深的博士后人数也不断增加。近 5 年来，我市引进博士后数量年均增速超过 **20%**，目前在站博士后近七成毕业于“双一流”高校，**1400 人**毕业于世界排名前 100 高校，境外博士后超过 **300 人**。截至 2022 年 3 月底，我市设站单位 **536 家**，在站博士后 **5227 人**，在副省级城市中处于前列。目前，深圳累计引进和培养博士后超过 **12000 人**。

据不完全统计，目前深圳博士后获得国家自然科学基金、国家社会科学基金、省部级自然科学基金、省部级社会科学基金以及博士后科学基金资助 **6300 多项**；博士后在各类核心期刊发表文章 **17800 多篇**，其中 SCI 文章 **8900 多篇**，出版论著超过 **100 本**；博士后主持或参与国家、省部级科研项目 **7840 多项**；设站单位专利申请数 **13000 个**。

据统计，2017—2022 年，有 **67%** 的出站博士后选择留深工作。博士后出站后留深比例提高，持续为“双区”建设发挥人才战略储备库功能。

【职业教育和技能人才】

2018—2022 年，全市财政职业教育投入近 **300 亿元**，落实职业教育生均拨款制度，高职院校、技工院校、中职学校生均标准分别为 2.2 万元、2 万元、1.7 万元，国家示范性中职学校经其主管部门同意，可在 1.7 万元基础上浮 10%。实施中职生免费政策全覆盖，对民办职业院校教师发放长期从教津贴，对每年评选的“鹏城工匠”每人奖励 50 万元。率先在全国探索“政府出补贴、企业出场地、校企共建共享”建设模式，累计投入资金 **4 亿元**，建成职业教育产教融合实训基地 **219 个**。联合行业企业建立 **8 个**以专业为支撑的紧密型职业教育集团，其中 **3 个**入选广东省示范职教集团建设项目，**1 个**入选全国示范职教集团，带动全市上千家知名企业参与到校企合作中。

2022 年，深圳在技能人才培养、评价、使用、激励、保障等方面全面加大改革创新力度，高技能人才队伍建设取得硕果，全市技能人才总量超 **400.79 万人**，高技能人才队伍规模达到 **147.03 万人**，为 **“深圳智造”** 提供强有力的高技能人才支撑。

“深圳人才日”

2017 年深圳市颁布《深圳经济特区人才工作条例》，以立法的形式将每年 11 月 1 日定为“深圳人才日”。此后，每年“深圳人才日”都会举办庆祝、表彰、座谈、慰问等丰富多彩的活动，表达一座城市对人才的最高礼遇，推进“聚一流人才、创一流业绩、建一流城市”。

2017 年“深圳人才日”，深圳人才公园正式开园，成为全国首个以“人才”命名的主题公园，作为展示人才、服务人才、激励人才的永久性阵地。2018 年“深圳人才日”，市人才研修院智汇中心落成启用。2019 年“深圳人才日”，举办“人才伯乐奖”“人才大使”颁奖仪式，并为图灵奖实验室授牌。

2020 年开始，每年“深圳人才日”前后会举办“深圳全球创新人才论坛”（Shenzhen Global Innovation Forum of Talents，简称 GIFT）。区别于学术研讨等专业性论坛，GIFT 突出人才属性，每届邀请数位各领域具有代表性的海内外专家人才，采用线上线下同步直播的方式，向世界讲述人才与城市共发展的深圳故事。如今，GIFT 已成为深圳一年一度的人才盛典，也成为具有广泛社会影响力的深圳人才工作品牌 IP。

扫码观看
历届深圳全球创新人才论坛
嘉宾演讲视频

深圳人才公园

全国首个以『人才』命名的主题公园

深圳人才公园地处南山区后海片区，与深圳湾滨海休闲带相连，毗邻深圳湾超级总部基地，占地面积约 77 公顷，其中水体面积约 30 公顷，是全国首个以“人才”命名的主题公园。以下这些景点，推荐你去转转！

求贤阁

求贤阁设有多功能厅、咖啡吧、人才书吧以及院士讲堂。通过申请，可开展讲座、论坛、路演、沙龙等。

嬉乐园

嬉乐园有全丹麦进口的儿童游乐设施，提供了一处温馨的亲子休闲娱乐场所，每处设施都有一个人才小故事。

“我是IT人”

“我是 IT 人”雕塑选取代表数字时代的“0”和“1”作为创意元素，寓意深圳的高科技产业从“0”到“1”，从无到有。

人才驿站

人才驿站提供政策咨询、创业指导等服务，开展青年创客活动、党员志愿服务活动。

星光桥

星光桥将优秀人才的肖像、职务、成就雕刻在纪念牌匾上，镶嵌进特制的星光灯柱，以年代顺序依次排列在星光大道上，璀璨夺目、熠熠生辉。

π桥

π 桥上有 160 个关于科学家自由畅想求证 π 的故事；在桥上还会听到《圆周率之歌》，是由 π 小数点后的数字谱成的，非常优美。

“红蓝马甲”雕塑

“红蓝马甲”雕塑的红马甲代表深圳义工、蓝马甲代表公务员志愿者。深圳义工联诞生于 20 世纪 90 年代，是中国内地第一个义工团体。

群英荟

群英荟一楼建有“深爱人才馆”，展示深圳人才发展成就，也是青少年科普时间活动中心，还设有人工智能、5G 应用等科技产品展示体验区，常态化开展政企对话、项目路演和产品对接等活动。

深圳人才公园
官方微信公众号

Shenzhen Talent Park

深圳市人才工作局

[深圳市人才工作局]

根据《深圳经济特区人才工作条例》，深圳市人才工作综合主管部门负责深圳人才工作和人才队伍建设的牵头抓总、协调督促、服务保障等具体工作，协调推进各类人才队伍建设。市、区设立人才工作领导机构，履行下列职责：

01 对人才工作和人才队伍建设进行宏观指导、综合协调和督促检查；

02 研究制定并指导落实中长期人才发展规划、重大人才政策等；

03 组织实施重大人才工程，协调推进重点人才工作；

04 研究部署年度人才工作并督促落实；

05 研究决定有关人才工作的其他重要事项。

『人才深圳』官方微信公众号

“人才深圳”是深圳市人才工作局官方微信公众号，这里有最新最全的人才工作动态、政策解读、活动资讯、人才风采、招聘信息等内容。

扫码关注
“人才深圳”

欢迎各位读者关注深圳人才工作！

深圳市人力资源和社会保障局

[深圳市人力资源和社会保障局]

深圳市人力资源和社会保障局位于深圳市福田区深南大道 8005 号深圳人才园，在整合原市人事局、市劳动和社会保障局基础上设立，是深圳市重要的社会管理部门、民生发展部门。主要涉及就业、社会保障、劳动关系等工作，与民生幸福和社会稳定息息相关；开展人才引进、事业单位改革、专技和技能人才培养等工作，与经济社会高质量发展紧密相连。

扫码浏览官网

人力资源服务
产业园区

[国家级人力资源服务产业园]

深圳自 2016 年起全面推进人力资源服务产业园建设。2018 年 10 月，经国家人社部批准，深圳市人力资源服务产业园以“一园多区”模式获批成为国家级产业园，共包含深圳人才园、龙岗区天安云谷智慧广场、南山区深圳湾科技生态园、宝安区人才园、罗湖区粤港澳大湾区人才创新园、前海国际人力资源服务产业园六个分园区。截至 2022 年底，全市共有人力资源服务产业园区 11 个，产业园总建筑面积约 23 万平方米，入驻机构 170 家。

深圳市人才集团

[深圳市人才集团]

深圳市人才集团是深圳市管综合型人力资源服务机构，是粤港澳大湾区行业领军企业和知名品牌。集团肩负着深圳“城市 HR”和打造国际人才高地重要抓手的任务使命，秉承“成就他人就是成就自己”的核心价值观，形成“以猎头高端业务为引领、以公共服务业务为基础、以人力资源外包为主体”的业务发展格局。集团前身为深圳市人才交流服务中心，自 1984 年成立以来，服务各级政府单位、国内外知名企业、重点学术机构超过 50 万次，服务各类人才超过 5000 万人次。旗下包括深圳千里马国际猎头有限公司、深圳市人才服务中心等 8 家行业领先企业。

深圳市人才集团
官方微信公众号

Shenzhen Talent Group

让人才在重大战略创新平台展翅高飞

高质量建设前海深港现代服务业合作区、河套深港科技创新合作区、光明科学城、西丽湖国际科教城等四个国家重大战略平台，打造科技创新极核。

前海深港现代服务业合作区

前海深港现代服务业合作区，总面积120.56平方公里。位于深圳南山半岛西部，伶仃洋东侧，珠江口东岸，包括南头半岛西部、宝安中心区，是“珠三角湾区”穗－深－港发展主轴上的重要节点。

2010年8月26日，国务院批复同意《前海深港现代服务业合作区总体发展规划》，明确把前海建设成为粤港现代服务业创新合作示范区。2021年9月6日，中共中央、国务院印发的《全面深化前海深港现代服务业合作区改革开放方案》发布，进一步扩展前海合作区发展空间。

经统计，2022年前海实际使用外资58.64亿美元，占全市53.5%；实际使用港资56.08亿美元，占全市55.2%，拥有港资企业近万家；前海综合保税区进出口总额2352亿元，单位面积产值全国第一。前海致力于打造现代服务业发展高地，首批推出风投创投、天然气贸易、跨境电商等六大集聚区，以及国际金融城、国际法务区、国际人才港三大平台。累计推出制度创新成果765项，中山大学发布全国自贸区制度创新指数，前海位居第一。

前海管理局
微信公众号

河套深港
科技创新合作区

河套深港科技创新合作区是粤港澳大湾区唯一以科技创新为主题的特色平台，位于深圳市福田区南部与香港特别行政区接壤处，面积 3.89 平方公里。其中，深圳河南侧的香港园区面积 0.87 平方公里；深圳河北侧的深圳园区面积 3.02 平方公里。2021 年 10 月，香港特区政府《北部都会区发展策略》提出“双城三圈”：河套深港科技创新合作区位于港深紧密互动圈，规划将港深创科园与落马洲 / 新田一带整合建设“新田科技城”，面积约 627 公顷，成为打造香港未来硅谷、建设大湾区国际科技创新中心的重要引擎。

截至 2023 年 6 月，10 个专业化科创园区、80 万平米科研空间陆续投入使用；粤港澳大湾区数字经济研究院（福田）、深港协同创新中心、深港国际科技园、国际量子研究院、国际生物医药产业园一期和二期、河套国创中心等创新载体陆续建成，率先承载香港及海外高端科研资源。仅深港国际科技园一个园区就引入了香港城市大学、香港中文大学、香港科技大学、香港大学等 4 所香港名校设立的科研机构。

在这里，150 多个高端科创项目正加速推动落地，平均每平方公里将落地 50 个高端项目；24 个港澳创业团队 300 余人进驻孵化加速平台，已产生知识产权 203 项；多项“卡脖子”技术在这里突破、攻克，初步实现商业化生产……

扫码浏览官网

光明科学城

光明科学城北起深莞边界，西部以龙大高速和东长路为界，规划总面积99平方公里。其中建设用地约31平方公里，非建设用地约68平方公里。将建设成为粤港澳大湾区国际科技创新中心的核心功能承载区和综合性国家科学中心的重要组成部分。

截至2022年9月，光明科学城集中布局了23个重大科技创新载体，包括9个大科学装置、10个前沿交叉研究平台、2个广东省实验室、2所研究型高校。

根据《光明科学城空间规划纲要》，光明科学城将分三步走：到2025年，初步形成世界级科学城的核心功能，重大科技基础设施集群初具雏形，国际一流大学和一流科研机构加快建设，成长出一批具有国际竞争力的创新型企业。

到2035年，基本建成高度国际化的综合性国家科学中心核心承载区，形成学科与功能布局合理、性能水平全球领先的重大科技基础设施集群，培育出一批引领未来发展的新兴产业集群。

到2050年，光明科学城全面建成具有全球影响力的科学中心，持续产出大量前瞻性基础研究和引领性原创成果，成为我国建设世界科技强国的重要引擎。

西丽湖国际科教城

规划面积近 70 平方公里的西丽湖国际科教城搭乘上时代的快车，作为深圳市推动粤港澳大湾区建设的重大战略平台之一，西丽湖国际科教城用一组硬核数据展现强劲实力：布局建设国家战略科技力量鹏城实验室；现有深圳大学、南方科技大学等 7 所高校；截至 2022 年 7 月，拥有市级以上各类创新载体 519 家，国家高新技术企业 1096 家；全社会研发投入占 GDP 比重达到 6.65%；每万人发明专利拥有量 493.95 件，为全国平均水平的 24 倍。

在概念验证方面，启动西丽湖国际科教城概念验证平台建设，面向全球征集 120 余个成果转化早期项目。

在科技金融方面，累计支持 7835 家科技企业获得金融机构 382.37 亿元贷款资金，单笔贷款规模为 536.73 万元；成功推出三期知识产权证券化产品，发行金额 9.75 亿元。

科教城集聚中国科学院深圳先进技术研究院、国家超算深圳中心、深圳计量质量检测研究院、9 家诺奖科学家实验室等高层次创新平台；培育了中兴、大疆、深信服等一批创新型领军企业。

Guide for your life

为你生活作导览

Shenzhen

Chapter 01

出行指南：每个站台都是人生之路的节点

刚来深圳，你会发现，这座大众印象中遍布高楼大厦的现代化都市，也连着美丽山海。大自然的浓绿和湛蓝，无处不在。区区几十分钟，你便能从商业中心区的高楼大厦来到山海之间的客家古村。

也许，这也是新“深圳速度”的体现！

更多出行资讯
详见深圳旅游网

四通八达 自在飞行

走进深圳宝安国际机场，近距离感受到的，是这里的生机勃勃和忙碌活力。航站楼里旅客如织，让我们从这里出发，飞往世界各地。

机场概况

深圳宝安机场于 1991 年 10 月正式通航，是中国境内集海、陆、空、铁联运为一体的现代化大型国际空港，中国第四大空港。总占地面积 28.3 平方千米，现有 T3 航站楼建筑面积 45 万平方米，卫星厅建筑面积 24 万平方米，远距离平行跑道两条，飞行等级为 4F，能够满足现所有民航机型起降。终端规划 3 条跑道、3 个航站区、1 个卫星厅，满足远期旅客吞吐量 1 亿人次，货邮近期目标年（2030 年）260 万吨、远期目标年（2050 年）450 万吨的业务量需求。

深圳机场持续提升服务品质，航站楼 300 多家品牌商铺率先全面实现“同城同质同价”，对特殊旅客推出全流程爱心服务，建成机场旗舰母婴室，在行业内率先推出“行李门到门”“一键寄存”等服务产品。深圳机场获得 Skytrax“五星机场”认证，两次荣获国际机场协会**“全球最佳机场”**，连续 6 年获评 CAPSE“最佳机场”，同时获得广东省政府质量奖和深圳市市长质量奖，成为机场行业唯一获评全国市场质量信用 AAA 级服务示范企业。2021 年，深圳机场旅客满意度排名首次位居**全球第一**。

机场交通

城市候机楼

从城市候机楼到宝安机场是个不错选择。市内已经有 8 个候机楼，分别在福田区、南山区、龙岗区、龙华区、坪山区。位于福田区华联大厦的华联候机楼服务时间最长，有全市最早和最晚出发到机场的客车。第一班在凌晨四点，最后一班在晚上十二点。

在大湾区其他城市，包括惠州、香港、佛山、广州、中山、珠海、汕尾，都有直接抵达深圳宝安机场的候机楼。

从机场去市区，可在地面交通中心 17 号门购票乘车。

扫码浏览
乘车信息

地铁 11 号线

地铁 11 号线是穿梭在山海之间的一条线。在碧海湾段，窗外便是蔚蓝大海。

线路方向	机场站首班车	机场站末班车
往碧头 ⟷	06:32 ⟷	00:04
往福田 ⟷	06:01 ⟷	00:01

公交线

宝安机场站有 M387、A7、M527、E16、M472 路公交，乘坐地点在 GTC 一楼公交站台，票价、发车间隔时间不一。

扫码浏览
公交信息

抵达口岸 连接世界

口岸，是海洋城市的“窗口”，是对外开放的门户。深圳口岸的发展史本身就是一部开放史。

口岸概况

深圳口岸在全国城市中数量最多、通关量最大、功能类型最齐全，是连接深港两地人员、货物等要素交流的要道枢纽。

深圳已拥有经国务院批准对外开放的一类口岸16个。其中：公路口岸7个，分别是罗湖、文锦渡、皇岗、沙头角、深圳湾、福田、莲塘口岸；铁路口岸2个，分别是广深港高铁西九龙站口岸和深圳铁路口岸；水运口岸6个，分别是盐田港、大亚湾、蛇口、赤湾、妈湾、大铲湾口岸；航空口岸1个，为深圳宝安国际机场。

深圳口岸出入境的旅客连年超亿人次，约占全国出入境旅客的50%左右，日均64万多人次；出入境车辆超千万辆次，约占全国出入境车辆的60%，日均4万多辆次；海港口岸集装箱吞吐量位居世界第四位，全国第二位。

服务时间

地点	服务时间
罗湖口岸	06:30—24:00
文锦渡口岸	07:00—22:00
皇岗口岸	00:00—24:00
沙头角口岸	（货检）07:00—22:00
深圳湾口岸	（旅检）06:30—24:00（货检）00:00—24:00
福田口岸	06:30—22:30
莲塘口岸	07:00—22:00
广深港高铁西九龙站口岸	06:30—23:30
盐田港口岸	全天候
大亚湾口岸	码头业主自用
蛇口口岸	蛇口港区（货运）：全天候 太子湾邮轮母港：07:00—22:30
赤湾口岸	全天候
妈湾口岸	全天候
大铲湾口岸	全天候
深圳空港（机场）口岸	航空客运：全天候 福永客运码头：08:00—21:00

线上服务

了解更多深圳口岸相关的详细信息，请登录深圳市人民政府口岸办公室网站（http://ka.sz.gov.cn），关注“深圳口岸发布”官方微信公众号、“i口岸”官方微信小程序。

深圳口岸发布
官方微信公众号

高铁飞驰 路途无忧

高铁概况

深圳现有 3 条对外高速铁路，分别是广深港客专（设计速度 350km/h）、厦深铁路（设计速度 250km/h）、赣深铁路（设计速度 350km/h）。在建的有深江铁路（设计速度 250km/h）、深汕铁路（设计速度 350km/h）。拟建有西丽站工程（设计速度 350km/h）。

预计截至 2026 年，深圳境内高铁运营总里程可达 221 公里。

为强化深圳在国家铁路网中的枢纽定位，深圳还规划新增深南、深肇、广深第二高铁通道，向西联系贵广、南广，向北联系广永铁路，构筑以深圳为枢纽，“南北终到、东西贯通、互联互通”的对外铁路通道布局。

服务热线

铁路运输服务等铁路运输事权在国家铁路集团，不在地方政府部门有关部门，建议向中国铁路客户服务中心（网站：www.12306.cn，电话：020-12306）反映处理。

城市动脉 一码通行

繁忙的地铁是城市交通的“骨架”，在深圳这座“快节奏”城市，总会成为我们出行的首选。

地铁概况

深圳城市轨道交通经历了四期建设规划。从 1997 年批复的 2 条线路、总路程约 21.7 公里的轨道一期工程，至 2017 年和 2020 年先后批复、共计 224.8 公里的四期工程和四期调整工程，基本实现了轨道交通对我市规划的 18 个重点区域覆盖。截至目前，我市已形成 15 条线路、总里程约 516 公里的轨道交通运营网络，全国排名第四，线网密度 0.26 公里 / 平方公里，居全国第一。

目前，我市在建线路共 13 条段，约 134 公里，计划在 2025 年前全部建成通车。届时，我市轨道交通运营里程达 640 公里，轨道交通占公交分担率达 65%，线网密度居全国第一，成为社会主义先行示范区建设的重要支撑。

使用腾讯乘车码刷码过闸：乘客可通过深圳地铁官方 APP、微信小程序“乘车码”或“港铁深圳 live+”等渠道注册并开通腾讯乘车码。

深圳市轨道交通运营线路网络图 System Map

扫一扫
更多资讯
Scan For More Consultation

公交漫游尽是美好

乘车指南

公交是城市的"网络"，细密融进大部分的街道和社区。我们可以乘着公交漫游城市，发现城市细微之处的美好。

可通过"深圳通+"二维码乘坐公交。开通方式为打开微信，在搜索栏输入"深圳通+"，点击搜索，找到"深圳通+"小程序，点击进入。进入后输入手机号和验证码，点击登录，首次使用需绑定微信免密支付，绑定完成后即可看到"深圳通+"二维码。

深圳通地标卡、岭南通卡、全国交通一卡通卡、银联卡等实体卡均可刷卡支付。大部分线路采用自动投币的无人售票方式，小部分线路仍有传统的人工售票。

服务热线

深圳市交委服务热线：0755-83228000

深圳巴士集团股份有限公司：0755-83161116

深圳市西部公共汽车有限公司：0755-36357333

深圳市东部公共交通有限公司：0755-89983563

网络预约出租车

截至 2021 年，深圳已有 29 家平台取得深圳市网络预约出租汽车经营许可证，已核发《网络预约出租车汽车运输证》79821 张，已核发驾驶员证 197044 张，行业规模大，许可数量多，行业运营安全和乘客合法权益得到了更好的保障，社会公众多样化的出行需求得到了更好的满足。

长途客运

截至 2021 年，深圳共有注册道路客运企业 121 家，其中班车客运企业 25 家，旅游包车企业 121 家（25 家同时经营班车客运、旅游包车）。全市共有道路客运车辆 5376 辆（新能源车 1691 辆）。共开设长途客运班线 133 条，其中跨省 76 条，跨市 57 条。全市共有客运站 25 个，其中一级站 7 家，二级站 8 家，三级及以下站 10 家。

预约公交

截至 2021 年，深圳预约公交分布深圳 10 个区，线路 600 余条，日均客运量 2.1 万人次左右。预约公交通过搭建手机移动智能出行平台，利用大数据精准计算，以出行需求为向导，为乘客定制专属线路。作为高效集约的出行方式，预约公交通过灵活购票，使乘客享受快捷、舒适、安全、优质的出行服务，为深圳市不少上班族解决了通勤问题，也为城市绿色交通贡献了一份力量。

慢行生活
满溢细节

慢行状况

深圳交通的发达之处，不仅在于四通八达的机场、高铁、口岸系统，也在于不同的出行需求都能被满足。你在深圳，步行也有步行的温度。

“十四五”期间，深圳还计划每年建成不少于300公里的非机动车道，打造慢行交通友好城市。市民慢行出行占比由2016年的58%进一步提升至62%，以慢行为主体的绿色出行分担比例达到78%。

骑 行

2017 年以来，深圳通过压缩机动车道、压缩路侧停车空间、压缩富余绿化带或人行道、借用建筑退线空间等方式，超常规推进非机动车道建设。2017 年完成 222 公里，2018 年完成 283 公里，2019 年完成 303 公里，2020 年完成 449 公里，2021 年完成 529 公里，截至 2022 年 11 月底已完成 **460 公里**。

2022 年，深圳非机动车道总里程为 **3197 公里**，城市道路非机动车道设置率达 **27%**。

绿 道

深圳目前已经建成全长约 **2462 千米**的三级绿道网络，其中省立绿道 **354 千米**，城市绿道和社区绿道 **2108 千米**，绿道“公共目的地” **382 个**，市域范围绿道密度超过 **1.2 千米 / 平方千米**。市民 **5 分钟**可达社区绿道，**15 分钟**可达城市绿道，**30—45 分钟**可达省立绿道。

绿道逐渐成为市民休闲锻炼、绿色出行的重要选择，也是城市构筑绿色休闲体系的重要基础。深圳绿道网规划建设中，尽量结合和利用深圳特色资源，打造了一批独具特色的精品绿道，如山水文化特色的梧桐绿道、阳台山绿道，滨河风情的大沙河生态长廊绿道，湖光山色的光明马拉松山湖绿道、环石岩湖绿道，观海揽海的海滨绿道、新东绿道……

序号	精品绿道名称	所在辖区
1	福荣都市绿道	福田区
2	福田河绿道	
3	淘金山绿道	罗湖区
4	梧桐绿道	
5	海滨绿道	盐田区
6	半山绿道（恩上—盐高段）	
7	省立绿道 2 号线（谭仙庙—小三洲段）	
8	大沙河生态长廊绿道	南山区
9	深圳湾绿道	
10	深圳人才公园绿道	
11	环石岩湖绿道	宝安区
12	环立新湖绿道	
13	凤凰山绿道	
14	大运绿道	龙岗区
15	龙城公园绿道	
16	龙华环城绿道（阳台山段）	龙华区
17	龙华环城绿道（大水坑段）	
18	大山陂绿道	坪山区
19	光明马拉松山湖绿道	光明区
20	虹桥公园绿道（一期）	
21	海贝湾—畲吓湾绿道	大鹏新区
22	新东绿道	
23	金岭路后山—丰树山段绿道	

扫码浏览路线图

落地生根：在作为温馨港湾的家园靠岸

深圳不断出台住房保障政策，增加保障性住房，致力于以更“温馨”的价格，为人才提供这座城市的一处港湾。希望能够留住更优秀的朋友，创造更精彩的生活！

“保基本、广覆盖、促宜居”

“十四五”期间，深圳以公共租赁住房为主体向户籍中低收入人群提供基本住房保障，以发展保障性租赁住房为重点缓解新市民、青年人等各类人群的住房困难，以共有产权住房为补充提升居民住房自有水平，稳定商品住房供应，满足合理住房消费需求，不断完善住房体系。

规划期内，深圳计划供应居住用地不少于 15 平方公里，建设筹集住房 89 万套（间），其中，商品住房 35 万套、公共租赁住房 6 万套（间）、保障性租赁住房 40 万套（间）、共有产权住房 8 万套。

更多政策资讯
详见市住房和建设局官网

人才安居集团

深圳市人才安居集团有限公司（以下简称人才安居集团）于 2016 年 6 月 30 日注册成立，注册资本 1000 亿元，是深圳市国资委履行出资人职责的国有独资公司。

人才安居集团是深圳保障人才安居乐业的平台。业务涵盖保障性住房投资、建设、运营等全产业链，与全市各区、新区均合资成立了区级子公司，推动构建全市“一盘棋”发展格局。截至 2021 年 12 月底，集团总资产 1673 亿元，净资产 1157 亿元，实现总投资 1350 亿元。

人才安居政策清单

近年来，深圳市陆续出台了《深圳市人才安居办法》和《关于完善人才住房制度的若干措施》等政策，形成了租、购、补相结合的人才安居政策体系。2022 年 3 月 28 日，深圳市印发《关于加快发展保障性租赁住房的实施意见》，建立以**公共租赁住房、保障性租赁住房**和**共有产权住房**为主体的住房保障体系。保障性租赁住房主要面向新市民、青年人和各类人才供应。

政策清单

《深圳市人才安居办法》

《关于完善人才住房制度的若干措施》

《关于促进人才优先发展的若干措施》

申请流程

请通过深圳市住房和建设局公众号查询了解。

关注官方
微信公众号

租房指导参考价格

深圳市房地产和城市建设发展研究中心于 2022 年 10 月 28 日发布《深圳市 2022 年度房屋租赁参考价格》。可在深圳市住房建筑局官网“住房保障服务”专栏查询了解。

“租赁参考价格查询平台已经上线啦！”

租赁参考价格
查询平台链接地址

深圳人才安居
官方微信公众号

寻医问诊：成功者的共性是热爱生命重视健康

深圳虽建市晚，但始终将人民健康放在优先发展的战略地位，以“补短板、强基层、建高地、促健康”为主线，持续加大卫生健康投入。

你的健康，是深圳一个非常重要的心愿！

最靠谱的科普
最有趣的灵魂

“深圳卫健委”作为官方微信公众号，被誉为全国政务宣传的“一股清流”，时而温暖，时而调皮，时而正经，每年都有爆款，每篇推文平均阅读量**“10 万 +”**。

深圳市卫健委通过采取市场化用人方式，陆续挖来更多“90 后”，建立了一支 6 人的内容团队，包括写手、编辑、设计、创意策划等，从 2018 年起，完全依靠自有团队独立运营。“网感强”“脑洞大”“文笔好”是团队成员必备的“硬核”素质，他们当中大部分有传媒背景，要么做过记者，要么在媒体实习过。

截至 2022 年 12 月，“深圳卫健委”关注人数已突破 **1800 万**，是全国政务新媒体中的**“千万级大号”**，其运营团队也入选**“广东省政务新媒体十大优秀团队”**。深圳市卫健委宣传处负责人说：“如今我们发一篇推文，‘10 万 +’只能算合格，‘20 万 +’已经是日常，最高阅读量达到了‘1000 万 +’。”2022 年 10 月 15 日，“深圳卫健委”公众号入选“2022 中国应用新闻传播十大创新案例”。

概　况

党的十八大以来，深圳市坚持健康优先发展战略，着力补短板、强基层、建高地、促健康，推动卫生健康事业高质量发展，为中国特色社会主义先行示范区建设筑牢健康基础。

医疗卫生资源总量大幅增加

党的十八大以来，深圳市规划建设 117 项医疗卫生项目，促进优质医疗资源扩容与均衡布局。截至 2021 年年底，深圳市医疗卫生机构数 **5920 家**、床位数 **6.40 万张**、执业医师数 **4.56 万人**，分别比 2012 年增长 126%、128.7% 和 90.8%。新增三级医院 **32 家**、社康机构 **217 家**，分别达到 **49 家**和 **829 家**，建成 **“15 分钟健康服务圈”**。

5920 家　　**6.40 万张**　　**4.56 万人**

整合型医疗服务体系基本形成

深圳市创新性规划建设以 **“市级医疗中心 + 基层医疗集团”** 为主体的整合型优质高效医疗卫生服务体系，推动建设 **17 家**市级医疗中心、**19 家**基层医疗集团，实现每个行政区至少有 1 家市级医疗中心、1 家基层医疗集团，每个社区有 1 家社康机构，“两融合一协同”分级诊疗格局逐步形成，基层医疗集团诊疗量占比达到 **74.5%**。

湾区医疗高地初步形成

深圳市深入实施 **“医疗卫生三名工程”**，引进中国医学科学院肿瘤医院、中国医学科学院阜外医院等一批高水平医学院校来深办医。新增三甲医院 **17 家**、总数达到 **25 家**。**7 家**医院入选广东省高水平医院行列，**8 家**医院进入全国公立医院绩效考核同类百强、**3 家**进入同类十强。本市常住居民市域住院率达到 **98%** 以上，“大病不出深圳”基本实现。

健康深圳建设开启新局面

深圳市制定修订《深圳经济特区医疗条例》《深圳经济特区健康条例》等 10 部特区法规，编制实施 2 轮健康深圳行动计划，完善重大疾病防治体系和居民健康管理制度，健康深圳建设的法治保障、组织体系、路径策略逐步健全。2021 年年底，人均期望寿命达到 **83.53** 岁，比 2012 年提高 **4.2** 岁，居民主要健康指标稳定在世界先进国家和地区水平。

用数据说话

2019—2021 年

深圳市新增三级医院 **7** 家、床位数 **1.6** 万张，达到 **49** 家和 **6.4** 万张；新增执业医师 **5223** 人、全科医师 **3494** 人，达到 **4.56** 万人和 **7518** 人；新增三甲医院数 **7** 家，达到 **25** 家。推动社区医院、社康中心、社康站多层次发展，基本公共卫生服务经费从 70 元提高到 **134** 元，配套将 8 种特定疾病 **1233** 种药品纳入社康机构用药目录。

三级医院
49 家

执业医师
4.56 万人

三甲医院
25 家

全科医师
7518 人

疫苗接种

深圳市有统一的疫苗预约渠道，可以通过“深圳卫健委”“深圳疾控”“健康深圳”等

求学有路：不断更新知识是青春城市的底气

建市之初，这座属于梦想的城市就曾创造了“深圳速度”的发展佳话。大家都知道的是，“深圳速度”指的是国贸大厦“三天一层楼”的建设速度。实际上，深圳大学的筹建、建校和招生，也创造了“深圳速度”的传奇。

一个个新的“深圳速度”，不断在深圳教育界发生！

用数据说话

截至 2022 年 10 月，深圳共有各级各类学校和幼儿园 2862 所，在校学生 266.2 万人，教职工 26.3 万人（其中专任教师 17.5 万人），较 2012 年分别增长 54%、75%、100.5%。其中，幼儿园 1935 所，在园儿童 59.2 万人；义务教育阶段学校 749 所，在校生 158.8 万人；普通高中 125 所，在校生 19.5 万人；中等职业学校 27 所，在校生 8.9 万人；全日制高校 14 所，在校生 15.5 万人。2017—2021 年，在校学生数增长 23%（2017 年 208.2 万人、2018 年 220.9 万人、2019 年 232.2 万人、2020 年 242.2 万人、2021 年 256.2 万人）。

中小学教育

截至 2022 年 10 月，共有普通中小学校 885 所，其中小学 353 所，初中 396 所，普通高中 125 所，特殊及专门学校 11 所。共有在校生 178.58 万人，其中小学 116.69 万人，初中 42.16 万人，普通高中 19.47 万人，特殊及专门学校 2646 人。共有专任教师 11.79 万人，其中小学 6.65 万人，初中 3.38 万人，普通高中 1.66 万人，特殊及专门学校 1027 人。

基础教育（中职）师资

截至 2022 年 10 月，专任教师人数：中小学（含中职）、幼儿园专任教师共 166394 人，其中高中（含中职）21417 人，初中 33840 人，小学 66513 人，幼儿园 43597 人，特殊教育和专门学校 1027 人。

更多政策资讯
详见市教育局官网

值得一提的是

优秀人才成批次持续流入，小学教师本科及以上学历水平从 2012 年的 59.6% 跃升至 2022 年的 **93.4%**，幼儿园教师大专及以上学历水平从 2012 年的 62.2% 跃升至 2022 年的 **97.2%**。全市高中教师 **39%** 具有研究生以上学历。

特殊教育规模不断扩大，目前特殊教育学校由 1 所增至 11 所。2022 年，适龄残疾儿童少年义务教育入学（安置）率为 **99.79%**，达到了国家不低于 95% 的标准。

39%

全市高中教师
具有研究生学历

99.79%

适龄残疾儿童少年
义务教育入学（安置）率

学前教育

截至 2022 年 10 月，共有幼儿园 **1935 所**，其中公办 914 所，普惠性民办园 714 所。全市幼儿园在园幼儿 **59.17 万人**，其中公办园在园幼儿 32.36 万人，占比 54.69%。普惠性幼儿园（含公办园和普惠性民办园）在园幼儿 52.37 万人，占比 88.51%。共有专任教师 4.36 万人。

学位保障

“十三五”期间，全市基础教育学位增加 40 万个，增长近 30%。2020—2022 年新建学校数 467 所（2020 年 134 所、2021 年 151 所、2022 年 182 所），新增学位数 **43.7 万座**（2020 年 10.04 万、2021 年 13.05 万、2022 年 20.6 万），其中新增 **6.8 万座**公办普高学位、**30 万座**义务教育学位、**6.9 万座**幼儿园学位。

2022 年新增基础教育学位 20.6 万座，创历史新高。市委市政府实施大规模学校建设计划，2023 年至 2025 年将新增 **56.6 万座**学位（其中公办高中 5 万座，公办义务教育 44 万座，幼儿园 7.6 万座）。

全市现有义务教育阶段随迁子女 **81.8 万人**，占全市义务教育学位总数的 51.5%。

扫码浏览
教育地图

高等教育

截至2022年10月，全市现有高校**15所**，其中，市属高校**6所**：深圳大学、南方科技大学、深圳技术大学、深圳职业技术大学（原深圳职业技术学院）、深圳信息职业技术学院、深圳开放大学（非全日制）；国内合作办学高校**5所**：哈尔滨工业大学（深圳）、中山大学·深圳、清华大学深圳国际研究生院、北京大学深圳研究生院、暨南大学深圳旅游学院；中外合作办学高校**3所**：香港中文大学（深圳）、深圳北理莫斯科大学、天津大学佐治亚理工深圳学院（非独立设置中外合作办学机构）；民办高校**1所**：广东新安职业技术学院。

截至2022年10月，全市高校现有全日制在校学生**15.53万人**，其中：研究生**33724人**、本科生**61439人**、专科生**60101人**。共有专任教师**8840人**。

探索新兴发达城市跨越式发展高等教育新路径，**近10年高起点获批设立8所普通高校**[南方科技大学、香港中文大学（深圳）、深圳北理莫斯科大学、中山大学·深圳、哈尔滨工业大学（深圳）、深圳技术大学、清华大学深圳国际研究生院、天津大学佐治亚理工深圳学院]，创下了**教育版本的"深圳速度"**。"十四五"期间，将筹建海洋大学、深圳创新创意设计学院、深圳理工大学、深圳音乐学院。

《中共中央 国务院关于支持深圳建设中国特色社会主义先行示范区的意见》提到，支持深圳加快建设全球海洋中心城市，按程序组建海洋大学。目前，海洋大学拟选址大鹏新区坝光片区，由南方科技大学牵头筹建。海洋大学在学科设置上，重点发展海洋交叉特色学科，对标美国麻省理工学院-伍兹霍尔海洋研究所等国际一流高校，打造全球海洋拔尖创新人才培养基地、海洋科技创新高地以及全球海洋发展高端智库。

2022 年 2 月，南方科技大学入选国家“双一流”建设计划。2021 年 7 月，**7 所**高校入选广东省第三轮高水平大学建设计划［深圳大学、南方科技大学、香港中文大学（深圳）、深圳北理莫斯科大学、哈尔滨工业大学（深圳）、清华大学深圳国际研究生院、北京大学深圳研究生院］，**1 所**入选“特色高校提升计划”（深圳技术大学）。2022 年《泰晤士报高等教育》世界大学排行榜中，南科大、深大分列内地高校第 9、17 位。**44 个**专业入选国家级一流本科专业建设点，**40 个**学科入选广东省高等教育“冲补强”重点建设学科，**25 个**学科进入 ESI 排名前 1%。全市高校专任教师 **70%** 具有博士学位，比例位居**全国前列**。

深圳虚拟大学园

关注深圳虚拟大学园官方微信公众号

深圳虚拟大学园成立于 1999 年，是我国第一个集成国内外院校资源、按照一园多校、市校共建模式建设的创新型产学研结合示范基地。到 2021 年底：

- 聚集了 **68 所**国内外知名院校：QS 排名前 100 名高校 11 所，C9 高校 9 所，985 高校 30 所。
- 深圳虚拟大学园国家大学科技园用地面积 **28.4 万平方米**，使用面积 50 万平方米，共有 **17 家**大学建设产业化（产学研）基地。
- 集聚院校主导的各类孵化机构 **19 个**，引进国家技术转移示范机构 **3 家**，市级备案技术转移机构 **15 家**，国家级科技企业孵化器 **2 个**，国家级众创空间 **6 个**，累计孵化科技企业 **1709 家**，上市公司 **39 个**。
- 培训各类人员 **44.5 万人**，其中博士 **2533 人**，硕士 **55497 人**，本科生 **77479 人**。
- 共有博士后工作站 **4 个**，进站博士后 **370 名**。
- 共有广东省新型研发机构 **13 家**，市级以上重点实验室等创新载体 **78 家**，累计承担国家科技项目 **1851 项**、省市级项目 **3338 项**，获得专利 **2956 项**，转化成果 **2592 项**，发表论文 **8619 篇**。

职业教育

截至 2022 年 10 月，共有职业院校 30 所，在校生 16.09 万人。其中，高职院校 3 所，在校生 7.23 万人；中职学校 16 所，在校生 4.18 万人；技工院校 11 所，在校生 4.68 万人。

高职院校 **3** 所
在校生 **7.23** 万人

中等职业学校 **16** 所
在校生 **4.18** 万人

技工院校 **11** 所
在校生 **4.68** 万人

2019 年 11 月，推进全国职业教育高质量发展现场会在深圳举行，推广深圳职业教育发展经验。2019 年 12 月，深圳职业技术大学（原深圳职业技术学院）、深圳信息职业技术学院入选**中国特色高水平高职学校和专业建设计划（简称双高计划）**。2020 年 12 月，教育部、广东省政府联合印发《关于推进深圳职业教育高端发展 争创世界一流的实施意见》，支持深圳创建全国职业教育创新发展高地。2021 年 7 月，国家发展改革委将深圳职业教育产教深度融合**“六共同”模式作为“深圳经验”向全国推广**。

探索未知：身处科创事业蓬勃发展的乐土

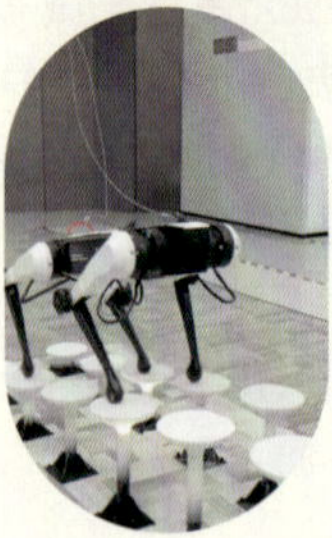

深圳是一座以科技创新为标签的城市。科创事业，既深刻塑造着城市气质，也影响着来到这里生活的人们。待久了，你也许会发现，自己居然成了具有深圳特色的科技达人：既了解科技产业，也深谙科学思维。

用数据说话

党的十九大以来

围绕科技创新全链条，先后推进出台了**“4个条例、19个综合性政策、40个专项政策”**，激发了全市创新创业活力。

大湾区综合性国家科学中心、鹏城实验室布局深圳，高标准建设前海深港现代服务业合作区、河套深港科技创新合作区、光明科学城、西丽湖国际科教城等国家重大战略平台。

PCT国际专利申请量常年保持在**全国30%**以上、连续18年居**全国城市首位**。

高新技术产业增加值突破**1万亿元**、产值突破**3万亿元**、高新技术企业和科技型中小企业均突破**2万家**。

国家创新型城市综合竞争力连续3年排名**全国第一**，深圳国家高新区综合排名**全国第二**。

2021年

深圳全社会研发投入占地区生产总值比重5.46%，远高于全国（2.44%）、全省（3.22%）平均水平。

深圳科技型中小企业数量达到2.2万家。2021年深圳高新技术企业100亿元以上37家，2亿元以下的科技中小企业数量占比89%，形成“小企业铺天盖地，大企业顶天立地”的格局。

深圳高新区拥有国家高新技术企业**5450家**，国家级“专精特新”企业**144家**，制造业“单项冠军”**16家**，境内外上市企业**185家**，占全市比重达**1/3**。高新区在2021年度科技部火炬中心国家高新区评价中综合排名位列**全国第二**，综合质效和持续创新力位列**全国第一**。

深圳市基础研究机构已汇聚科研人员约 5000 人，2022 年累计获批国家、省部级科研项目和横向项目近 400 项，立项金额超 10 亿元，取得了一批标志性研究成果。深圳实验室体系布局不断完善，国家战略科技力量建设取得跨越式发展。

鹏城实验室成为国家战略科技力量，构建了院士领衔、杰出人才聚合、青年人才担当重任的多层次人才队伍，重大任务攻关取得阶段性成果，“鹏城云脑 Ⅱ”AI 集群系统性能世界领先。

鹏城实验室公众号

中国科学院深圳先进技术研究院由中国科学院、深圳市人民政府及香港中文大学在深圳市共同建立，围绕信息技术与生物技术的交叉融合，构建了集科研（8 个研究所）、教育（深理工、国科大深圳先进技术学院）、产业、资本为一体的微型协同创新生态系统，不断冲击国际科学前沿。

中科院深圳先进院公众号

深圳湾实验室集聚国内外顶尖科学家，围绕重大疾病预防、药物开发、医学影像、辅助诊疗等领域开展基础性、原创性研究，成为粤港澳大湾区生物医药领域创新高地。

深圳湾实验室公众号

深圳国际量子研究院积极承担量子科学领域重大任务，聚焦量子物态、量子计算、量子精密测量，以及“卡脖子”科研装备等量子工程应用领域，承担多个国家量子科技领域重大专项。

深圳国际量子研究院
公众号

粤港澳大湾区数字经济研究院（福田）致力于人工智能和数字经济领域的前沿研究与产业落地，建立了联合实验室、CTO 工作室等创新科研模式，成为推动科研成果产业化的新兴力量。

粤港澳大湾区数字经济
研究院（福田）公众号

深圳合成生物学创新研究院首创“楼上楼下创新创业综合体”模式，有效缩短原始创新到产业转化的时间周期，创新模式被国家发改委写入推广47 条“深圳经验”文件中。

深圳合成生物学创新
研究院公众号

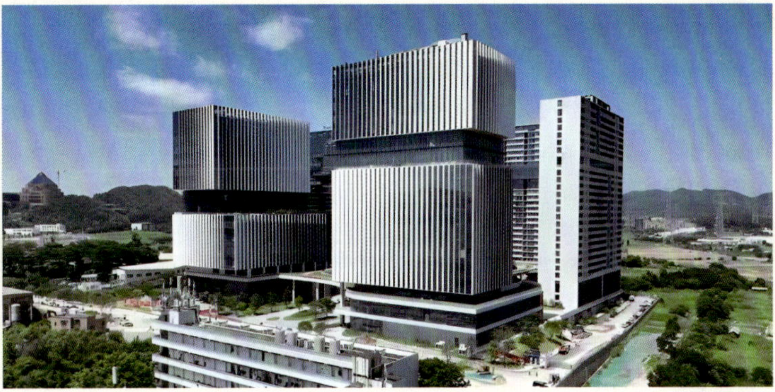

深圳计算科学研究院突破“卡脖子”技术攻关难题，100% 全自主研发的崖山数据库系统斩获数字中国“十大硬核科技”奖。

深圳计算科学研究院
公众号

在光明科学城成立了综合粒子设施研究院承担重大科技基础设施和重大科研平台建设运营任务；

与农科院共建深圳农业基因组研究所；

与中国计量院共建深圳中国计量科学研究院技术创新研究院；

……

深圳医学科学院

深圳医学科学院
公众号

深圳医学科学院以探索鼓励源头创新的新机制、引进与培养高水平人才为重要使命，是一所集实体研究、经费资助、教育交流、创新孵化、政策咨询等五大功能于一体的新型科研机构，是深圳建设中国特色社会主义先行示范区重点任务之一。

2022 年 12 月 10 日，深圳医学科学院（筹）揭牌。院长颜宁在致辞中表示，将脚踏实地、敢为人先，努力把深圳医学科学院打造成立足深圳、引领湾区、辐射全国、有国际影响力的生物医药人才培养和科学研究、转化创新基地。

深圳医学科学院（筹）主要承担深圳医学科学院的各项筹备及项目推进工作，下设科研部、科研平台、专项资金管理、教育与交流、运营管理、基础建设等部门。

深圳零一学院

深圳零一学院
公众号

深圳零一学院是在清华大学钱学森力学班 13 年探索实践基础上，由深圳市委、市政府发起并创建的一所公办创新型学院，由清华钱学森班创办首席教授郑泉水院士领衔的团队负责发展和运营，面向全国优秀大中学生，提供拔尖创新人才开放式贯通培养。学院聚焦面向未来、面向前沿产业的挑战性问题，汇聚全球顶级导师，开展以重大挑战问题为牵引的“进阶式研究学习”，培养有志于通过科技创新改变世界、造福人类的拔尖创新人才。

学院于 2021 年春季开始招生，吸引了数百名来自全国顶尖大学、中学的优秀学生参与。其中，75 名同学经过选拔获授成为零一学者（大学生）和零一预科生（中学生），开启了登向科研创新顶峰的“天梯”之路。

深圳科创学院

深圳科创学院
公众号

深圳科创学院由香港科技大学李泽湘教授携 20 多年科创教育以及 100 多家硬科技企业（包括 7 家估值逾 10 亿美元的独角兽企业）培育与孵化的经验，集合旗下所有优质科创资源创办。

深圳科创学院致力于探索全新机制的拔尖创新创业人才培养模式，提供植根于一线创新企业真实应用场景的体系化创业教育。学院从产品思维、技术支撑、创业素养和产业链等领域全方位赋能，帮助有潜力的年轻人找到项目方向、完成产品定义、组建创业团队，快速将年轻人带上创业轨道，并持续推动项目落地与成长，成为科创经济的驱动力量。

作为深圳市科技独角兽发现与培育专责机构，深圳科创学院一方面汇聚专业力量遴选深圳高质量的科技独角兽企业，另一方面开展从“0 → 1 → 10 → 100+”的创新企业培育，为不同梯队的企业提供具有针对性的初级、中级以及高级研修班，协助、支持深圳市发现和培育一批具有“硬核”科技、爆发式成长潜力的独角兽企业。

深圳市科技创新战略研究和技术转移促进中心

深圳虚拟大学园
公众号

2021 年 5 月，原深圳市科技创新战略研究中心（深圳虚拟大学园管理服务中心）和原深圳市技术转移促进中心合并为深圳市科技创新战略研究和技术转移促进中心，加挂“深圳虚拟大学园管理服务中心”牌子，为市科技创新委直属公益一类事业单位。主要业务为战略研究、技术转移、市校合作。

世上本没有深圳，脚步所到之处，就有了深圳。

从跟跑到领跑，只要你有想法，这里绝对有的是办法。

在这里，只要你迈开双脚，没有到不了的地方。

如果你的脚步从这里出发，所到之处都是你的天下。

你我的脚步，深圳的进步
深爱你，圳等你

扫码观看
完整视频

Shenzhen

等你抵达第一站

First Stop

调档案、转户口、领补贴、办社保……如何咨询和办理人才业务?刚到深圳,这可能是你的第一需求。现在,数百个事项,已经在深圳市人才园、前海国际人才港实现全流程网上办理。甚至,办完手续后,还可以去深圳市人才研修院听个讲座、喝杯咖啡!

Shenzhen Next

Part 01

深圳市人才园 为人才业务保驾护航

深圳市人才园行政服务大厅于2015年10月19日正式对外办公。2017年5月10日，成为深圳市政务服务改革首个设立的市级专业分厅。

大厅按照“一门式一网式”政务服务改革要求，以做好“人才一站式服务”为宗旨，本着同城通办的服务理念，以服务对象需求为导向，信息技术为支撑，全力推进大厅标准化、规范化建设，全面推进网上办理深度。着力加强实体大厅专业化、个性化、深度服务特色建设，实现线上线下高度融合的全方位、立体化服务。

2016年 大厅实现“一门集中办理”（人社业务全部纳入大厅，提供“一站式”服务，实现“推开一扇门，办成人社事”的改革目标）。

2017年 实现“受审分离板块主题式服务”（前台业务受理，后台分类审批、综合窗口出件，实行人才、技能提升、社保三大主题板块服务）。

2018年 全国首创“秒批”政务改革新模式。

2019年 “秒批”深推进、广覆盖（实现人才引进业务所有事项“秒批”服务全覆盖，并将“秒批”改革延伸至社保领域）。

2020年 实现“综窗办理”（进一个门、取一个号、到一个窗，办完人社事）。

2021年 构建“一园多站”人社服务新格局（将服务推送至企业密集地和引才高地，先后在华为、富士康、前海、西丽大学城、光明科学城、宝安人才园、腾讯等地设立人才服务工作站）。

2020年开启“人社5G视频办”服务新模式（百姓足不出户，可直接通过手机连线人社部门工作人员，享受“一对一”视频导办帮办服务；实现人社业务咨询办理“一条龙”、全流程、非接触线上服务；开启人社智慧线上大厅服务新模式）。

Part 01

大厅紧密结合人社政策落地实施，全力优化服务供给，全面深化品质提升，持续推进“网上办”“就近办”“一次办”“马上办”、不见面审批等改革，助推人社服务高质量发展。截至2022年12月，大厅承办的193个依申请事项中，全部实现全流程网上办理，190项实现“不见面审批”，127项实现“移动办”，86项实现“马上办”，即办率达44.6%，80项实现“秒批（办）”，53项实现“无感申办”。通过7年来的政务服务改革，大厅由开办时设立58个窗口压缩至23个；工作人员106人缩减至61人；大厅日均人流量由高峰期4000人降至450人。

深圳市人才园网上预约系统网址 ⟶

咨询电话：0755-88102111

前海国际人才港

打造国际人才首选地

Part 02

前海深港现代服务业合作区位于珠江口东岸、深圳西部，毗邻港澳，是新时代中国改革开放的出发地、宣示地、践行地。2021年9月6日，中共中央、国务院印发的《全面深化前海深港现代服务业合作区改革开放方案》发布，支持前海合作区扩展到120.56平方公里。近年来,前海持续保持生机勃勃发展态势,实施一系列先行先试政策,在城市建设、产业布局、人才集聚、绿色低碳、友好宜居方面都要做"世界级的领跑者"。

前海国际人才港已于2022年1月4日正式开港。项目坚持"以一域服务全局"，努力建设成为国家引进全球科技创新人才的物理地标、情感港湾，成为全球科技创新人才到粤港澳大湾区就业、创业和生活的门户、第一站和首选地，助力深圳打造全球一流科技创新人才向往集聚地。

前海国际人才港不断构建全要素的人才功能生态圈，"以一域服务大局"，布局"四港九中心八大业态"，提供全方位多功能服务，实践人才制度改革创新。

四港九中心

人才自由港 | 人才服务港 | 人才运营港 | 人才数据港

人才传播中心、人才猎投中心、人才体验中心、人才培训中心、人才转化中心、人才评价中心、人才科创中心、人才服务中心、人才数据中心

- 新媒体创意公司
- 猎头公司 人才组织
- 国际人才体验中心
- 涉外服务机构（培训教育）
- 国际技术转移转化中心
- 涉外服务机构（测评鉴定）管理咨询公司
- 创新创业机构 涉外服务机构（科技创新服务机构）
- 政务服务中心 涉外服务机构（专业服务·国际社群等）
- 人力资源科技服务企业

扫码登录 inqianhai 网站

扫码进入 官方公众号

扫码了解 前海国际人才港

深圳市人才研修院

全市『1+N』人才研修服务体系

深圳市人才研修院成立于2016年10月，坐落在西丽湖畔，毗邻西丽湖国际科教城，目前建成区430亩。主要职能是开展人才国情研修，为人才提供学术交流、企智资智对接、创新成果展示、健康管理、政策宣传等服务，打造人才国情研修、学术交流、智力转化、健康管理四大平台。

深圳市人才研修院设施齐全，环境优美，有山有水，营造园林式研修环境。建设“人才之家”，建有智汇中心、院士楼、学术报告厅、深圳人才史馆、人才图书馆、健康管理中心、人才服务站、人才餐厅等，为高层次人才研修、会议、交流、保健提供全方位服务支撑。

“SHENZHEN NEXT游学营”活动

面向全球邀请优秀有志青年，通过参观交流、文化研习、政策宣讲、大咖对话、都市漫步、山海健行、美食打卡，带领青年人才深入体验粤港澳大湾区和先行示范区的独特魅力。

扫码报名

深圳市人才研修院
官方微信公众号

服务热线：0755-61866866

深圳构建全市“1+N”人才研修服务体系（“1”指市人才研修院，“N”指各分院和基地），先后建成东部分院、龙华分院、福田基地、大鹏基地，均已正式投入运营，为人才教育培训、交流对接、学术会议等提供了更加便利化服务。

01 深圳市人才研修院东部分院

东部分院坐落于坪山区马峦山北侧，包括山海堂（综合楼）、传习馆（会议楼）、古榕居（住宿区）、鸣泉居（住宿区）、湖心居（住宿区）。

服务热线：0755-33393666

02 深圳市人才研修院龙华分院

龙华分院打造“一基地、一学堂、五中心”（学术研修交流基地、奋斗学堂、政治引领中心、智汇交流中心、政策推介中心、人才服务示范中心、智资企链接中心）的人才研修模式。

服务热线：0755-23338322

03 深圳市人才研修院福田基地

福田基地设有城市发展展厅、数字展厅、VR展厅、微缩城市展厅、多功能展厅、会议室、茶歇区等功能模块。

服务热线：0755-82918962

04 深圳市人才研修院大鹏基地

大鹏基地设置智·汇大鹏、圳·好遇见、创·建未来3个主题区域。

服务热线：0755-28333204

第二章

爱

(ài)

Shenzhen,
China

深爱人才
圳等您来

Chapter 02

LOVE
02
爱
Chapter
Shenzhen uses 40 years to create fertile ground for you to achieve success.
实现奇迹，需要土壤。
深圳用40年的心血，为你打造了一片沃土。
Shenzhen Next
Shenzhen Loves and Longs for You
Chapter 02

深圳因改革而生、因开放而兴、因人才而强。

深圳践行“来了就是深圳人”“深爱人才，圳等您来”的理念，聚天下英才而用之，吸引了一批又一批海内外优秀人才，从四面八方汇聚到这片改革开放的热土上，挥洒汗水、施展才华、成就梦想、建功立业。

人才的成长，企业的壮大，创新力量的生成，离不开政策制度的雨露阳光。怀着对人才最深沉的爱，这些年来，深圳不断在人才政策、服务、环境等方面加大创新力度，努力营造尊才、爱才、重才的环境，全方位为人才安居乐业提供保障，将深圳建设成干事创业创新的好地方。

深圳是一座不会辜负人才梦想的城市。当前，深圳进入“双区”驱动、“双区”叠加、“双改”示范的黄金发展期，为人才创造了更大发展机遇、打开了更大想象空间。城市和人才“双向奔赴”，必将相互成就，共创精彩。

深圳
是一座对人才很友好的城市

回头看，深圳经济特区创建伊始，就以“杀出一条血路”的勇气和魄力，大胆改革探索，率先打破传统干部人事制度束缚，面向五湖四海引才聚才，设立人才市场先河，开启了深圳人才发展的新篇章。

这片渴求人才的热土，时刻彰显着对人才深沉的爱。1985 年成立市引进国外智力领导小组（深圳国际人才交流协会）；1988 年，出台关于鼓励出国留学生来深圳工作的暂行规定；2001 年，取消人事计划、取消地域限制、取消调干考试、取消引进人才指标单等，进一步放开人才引进限制；2010 年，探索建立积分入户制度，采用综合量化积分的方式评价和引进外来务工人员……深圳吸引了一批又一批来自全国及世界各地的多层次人才，形成了人才“孔雀东南飞”的时代景象。

新时代 10 年来，深圳全面深化人才发展体制机制改革。2016 年，出台《关于促进人才优先发展的若干措施》，创新提出 20 个方面共 81 条人才优先发展措施，最大限度地激发人才创新创业的活力。2017 年，实施“十大人才工程”，全力推动深圳科技、产业人才队伍发展。2018 年 6 月，深圳在全国率先启动应届毕业生接收“秒批”改革，实现人才服务“马上办、网上办、就近办、一次办、移动办”。

“深爱人才，圳等您来”。深圳犹如茂盛的梧桐树，欢迎各方人才来栖。

四种方式
圆你落户深圳梦

“来了就是深圳人”，这句话激励了无数人选择将深圳作为人生的落脚点。作为一座年轻的移民城市，深圳户籍迁入划分为人才引进迁户、纳税迁户、政策性迁户和居住社保迁户四个类别，总有一款适合你。

人才引进迁户

指从深圳市外或市内非户籍人口中根据年龄、学历、技术技能水平等条件引进人才，按规定办理入户。符合下列条件之一即可：

1

经深圳市认定的高层次人才，且符合该类人才认定标准对应年龄条件的人员。

2

在国（境）外学习并获得学士以上学位的留学人员，或在国（境）外高等院校、科研机构工作（学习）1 年以上、取得一定成果的访问学者和博士后等进修人员。本项所述人员年龄应在 45 周岁以下。

3

具有普通高等教育本科以上学历，且年龄在 45 周岁以下的人员；具有普通高等教育专科以上学历，且年龄在 35 周岁以下的人员。

4

具有高级专业技术资格，且年龄在 50 周岁以下的人员；具有中级专业技术资格，且年龄在 45 周岁以下的人员。本项所述人员需同时具有中专以上学历。

5

具有高级技师职业资格，且年龄在 45 周岁以下的人员；具有技师职业资格，且年龄在 40 周岁以下的人员；具有高级职业资格，且在深圳市参加社会保险满 3 年以上、年龄在 35 周岁以下的人员。本项所述人员的职业资格证书需同时符合深圳市紧缺工种（职业）目录。

6

在世界技能大赛和国家级一、二类职业技能竞赛中获奖人员，或获得“中华技能大奖”“全国技能能手”“广东省技术能手”“深圳市技术能手”称号人员，或受深圳市委、市政府表彰的人员。本项所述人员年龄需在 45 周岁以下。

纳税迁户

指对在深圳市缴纳一定税额、符合入户条件的企业法定代表人、自然人股东、合伙企业出资（合伙）人、个人独资企业主、个体工商户业主及纳税达到一定数额的个人，按规定办理入户。符合下列条件之一的人员，经核准可办理纳税迁户：

01 在深圳市依法登记注册的法人企业法定代表（负责）人，该企业在最近连续 **3 个**纳税年度内缴纳的税额累计在 **300 万元**以上。

02 在深圳市依法登记注册的个人独资企业、有限责任公司自然人股东、合伙企业出资（合伙）人，在最近连续 **3 个**纳税年度内，以其投资份额占该企业实收资本的比例而分摊企业已缴纳的税额累计在 **60 万元**以上。

03 在深圳市就业的个人，最近连续 **3 个**纳税年度内依法缴纳的个人所得税（限工资薪金所得和劳务报酬所得项目）累计在 **60 万元**以上。

04 在深圳市依法登记注册的个体工商户，在最近连续 **3 个**纳税年度内缴纳的税额累计在 **60 万元**以上。

政策性迁户

指按照国家、广东省、深圳市有关规定，对符合特定政策的人员，按规定办理入户，包括夫妻投靠、老人投靠、未成年子女随迁、军转干部安置、军人家属随迁、军休及复员干部和退役士兵安置、招生和驻深机构人员入户等。符合下列条件之一的人员，在年度计划安排额度内，经审批可办理政策性迁户：

01 父母一方为深圳市户籍的，其未成年子女可以申请投靠入户。

02 夫妻一方为深圳市户籍的，其配偶按下列要求申请投靠入户：

- 在深有就业，且同时符合本规定第八条条件的，直接办理人才引进迁户；
- 在深无就业，或者虽有就业但不符合本规定第八条条件的，分居时间满 **2 年**后可以申请入户。经深圳市认定的高层次人才及具有高级专业技术资格、高级技师或硕士以上研究生学历条件人员的配偶，可不受分居时间限制并予优先解决。

03 迁入深圳市户籍连续满 **8年**且仍拥有深圳市户籍的，其共同生活的父母可以申请投靠入户。父母婚姻在存续期间的，须同时提出入户申请，离异或丧偶后未再婚者除外。

04 符合国家、广东省、深圳市规定的军转干部及其随迁随调家属、军休及复员干部和退役士兵、驻深部队随军家属，可以申请入户。

05 深圳市高等院校在国家统招计划内生源新生可以申请入户。

06 地级市以上人民政府驻深机构在编工作人员可以在指标额度内申请入户，其中省级（含副省级）政府驻深机构指标总额度为 **20 名**，地级市政府驻深机构指标总额度为 **10 名**。

居住社保迁户

指对参加深圳市社会养老保险并在深圳市拥有合法住宅用途房产（或合法租赁住房）达到一定年限的人员，按规定办理入户。

持有深圳市居住证，且在深具备合法稳定就业和合法稳定住所（含租赁）条件的人员，在年度计划安排额度内，经审批可办理居住社保迁户。居住社保迁户以积分制办法实施，积分主要指标为参加深圳社会养老保险年限和拥有深圳合法产权住房年限（或合法租赁住房），具体办法，由市发展改革部门会同市公安等部门另行制定。

符合本条规定人员迁户时，男性应当在 55 周岁以下，女性应当在 50 周岁以下。

人员迁户时

男性 55 周岁以下

女性 50 周岁以下

扫 码 阅 读
《深圳市户籍迁入若干规定》全文

咨询电话：0755-12333（深圳市人力资源和社会保障局）

社会保障体系托举着市民稳稳的幸福

社保是民生之基，是经济社会发展的稳定器和减震器。深圳积极稳妥深化改革，社会保障体系不断健全，民生保障水平稳步提升。

2012 年建立居民养老保险制度覆盖户籍非从业人员；2014 年在全国率先建立统一的城乡居民基本养老保险制度；2014 年 10 月起推进机关事业单位和企业养老保险制度并轨；2020 年 1 月，将港澳台居民纳入深圳社会保险覆盖范畴；2021 年 8 月，全面取消非深户籍灵活就业人员参加企业职工养老保险门槛；2022 年 1 月，在深灵活就业人员可以参加失业保险。截至 2022 年 8 月，全市社会保险总参保人次达 **3919.31 万人次**。社保基金累计结余 **5809.8 亿元**。

全市社会保险总参保人次

3919.31 万人次

社保基金累计结余

5809.8 亿元

扫码查看
深圳市社会保险
基金管理局官网

同时，社保便民服务全面提质增效。探索推动电子社保卡、医保电子凭证、电子健康码 **“三码融合”**。全面实行“网上办、移动办”“就近办、便捷办”，建立统一的社保经办平台，社保业务进驻 **61** 个行政服务大厅，构建 **“同城通办、智慧社保”** 经办新模式。

深圳社保待遇水平稳步提升。2022 年企业退休人员人均基本养老金 4076 元 / 月、失业保险金 2124 元 / 月、工伤保险伤残津贴 5666 元 / 月，均居**全国大中城市前列**。

企业职工参保登记

中国大陆籍职工参保登记

在深圳就业，年满 16 周岁且未达到法定退休年龄的所有用人单位中具有劳动关系的职工、雇工等，应当按照《社会保险法》、广东省和深圳市相关法规参加社会保险，包括基本养老保险、基本医疗保险、失业保险、工伤保险和生育保险五个险种，并缴交社会保险费。

[办理渠道]

港澳台职工参保登记

港澳居民在深圳就业，应当按照《社会保险法》、《香港澳门台湾居民在内地（大陆）参加社会保险暂行办法》（人社部国家医保局令第 41 号）、广东省和深圳相关法规参加社会保险，包括基本养老保险、基本医疗保险、失业保险、工伤保险和生育保险五个险种，并缴交社会保险费。

[办理渠道]

外籍职工参保登记

用人单位依法招用的外国人，应当依法参加职工基本养老保险、职工基本医疗保险、工伤保险、失业保险和生育保险，由用人单位和本人按照规定缴纳社会保险费。具有与中国签订社会保险双边或者多边协议国家国籍的人员在中国境内就业的，其参加社会保险的办法按照协议规定办理。其他国家国籍人员在中国境内就业的，原则上与中国国籍人员的参保规定并无异同。

[办理渠道]

社保服务大厅预约：
进入“深圳社保”微信公众号—
点击“便民服务—社保业务预约”

更多政策资讯
详见市人力资源保障局官网

高层次人才的社保尊才服务

深圳于 2017 年 11 月 1 日启用高层次人才 **“鹏城优才卡”**，覆盖人群包括海内外高端人才及优秀留学生（具体为深圳认定的高层次人才和“孔雀计划”海外高层次人才），持卡人可在入户、配偶就业、子女入学、医疗保健、人才安居、出入境居留等方面享受优惠政策。

[办理渠道]

■ 持卡人在线上可以通过“鹏城优才卡”专区，咨询或留言办理社保业务，后续将由客服专员在 1 个工作日内联系你。

■ 持卡人及其配偶和子女可直接前往深圳市社保服务大厅，出示“鹏城优才卡”实体卡或电子卡，享受“一对一”客服专员服务。

咨询电话：0755-12333（深圳市人力资源和社会保障局）

便利的出入境政策
让外籍人员就业定居更便捷

深圳目前拥有国务院批准对外开放的一类口岸 **16 个**，各地居民可以通过便捷的通关口岸前来深圳。

2016 年 7 月，深圳全面落实《广东公安机关实施促进广东自贸区建设和全省创新驱动发展的出入境政策措施》，进一步简化外国人签证审批流程和手续，为外籍高层次人才和来粤外国人提供申请口岸签证和停居留证件便利。

16 项出入境政策
让外籍人员出入境更便利

1 对符合认定标准的外籍高层次人才及其配偶、未成年子女，经广东省自贸办推荐，可直接申请在华永久居留资格。授权广东省公安厅会同有关部门制定认定标准，报公安部批准后实施。

2 对在广东自贸区创新创业团队的外籍成员和自贸区企业选聘的外籍技术人才，根据自贸区人才积分评估标准进行评分，达到一定分值的，可以申请在华永久居留。授权广东省公安厅会同有关部门制定积分评估体系，报公安部批准后实施。

3 外国人以自然人身份或者通过本人以自然人身份作为控股股东的公司企业，在广东自贸区境内直接投资、连续 **3 年**投资情况稳定、投资数额合计 **100 万**美元（国家颁布的《外商投资产业指导目录》鼓励类产业投资合计 **50 万美元**）以上且纳税记录良好的，可以申请在华永久居留。

4 外籍华人具有博士研究生以上学历或在广东自贸区企业连续工作满 **4 年**、每年在中国境内实际居住累计不少于 **6 个月**，可直接申请在华永久居留。

5 在广东自贸区创业的外籍华人（不受 60 周岁年龄限制）可凭工作许可和雇主担保函件直接申请 **5 年**有效的工作类居留许可，也可凭创业计划直接申请 **5 年**有效的私人事务类居留许可（加注“创业”）。

6 对经广东省公安机关出入境管理机构备案的广东自贸区企业邀请前来实习的境外高校外国学生，可以在口岸签证机关申请短期私人事务签证（加注“实习”）入境进行实习活动；持其他种类签证入境的，也可在境内申请变更为短期私人事务签证（加注“实习”）进行实习活动。

7 外籍人员在粤已连续工作满 **4 年**、每年在中国境内实际居住累计不少于 **6 个月**，有稳定生活保障和住所，工资性年收入和年缴纳个人所得税达到规定标准，经工作单位推荐，可以申请在华永久居留。授权广东省公安厅会同有关部门按照上一年度广东省人均水平倍数规定工资性年收入标准和纳税标准，报公安部批准后实施。

8 对广东省人才主管部门认定的外籍高层次人才、广东省科技创新主管部门和广东省自贸办认可企业聘雇并担保的行业高级专业外籍人才，以及广东省高等院校、科研院所聘雇的外籍高层次人才，不受 60 周岁年龄限制，可以签发有效期 **5 年**以内的工作类居留许可（加注“人才”），工作满 **3 年**后，经单位推荐可以申请在华永久居留，并进一步缩短审批时限。

9 对广东省人才主管部门认定的外籍高层次人才、广东省科技创新主管部门和广东省自贸办认可企业聘雇并担保的行业高级专业外籍人才，广东省高等院校、科研院所聘雇的外籍高层次人才以及其他邀请单位出具证明属于高层次人才的外国人，未持签证来华的，可以向抵达口岸签证机关申请 R 字（人才）签证，入境后可以按规定办理有效期 **5 年**以内的工作类居留许可。持其他签证来华的，入境后可以申请变更为 R 字（人才）签证或者按规定办理有效期 **5 年**以内的工作类居留许可。

10 对持人力资源社会保障、外专部门签发的工作许可证明来广东省工作的外国人，入境后可以直接凭工作许可证明申请有效期 **1 年**以内的工作类居留许可；如未持签证来华的，可以向抵达口岸签证机关申请 Z 字（工作）签证，入境后按规定办理工作类居留许可。

咨询电话：12367（出入境）

11 对在广东省工作的外国人，如其已连续两次申请办理工作类居留许可，且无违法违规的，第三次申请工作类居留许可，可以按规定签发有效期 **5 年**以内的工作类居留许可。

12 对在广东出生或原户籍为广东的外籍华人，凭探望亲属、洽谈商务、科教文卫交流活动及处理私人事务的相应证明或担保，可以签发 **5 年**以内多次入出境有效签证；对在广东工作、学习、探亲以及从事私人事务需长期居留的，可以按规定签发有效期 **5 年**以内的居留许可。

13 支持外国留学生在我国高等院校（含港澳地区的高等院校）毕业后直接在广东省创新创业。具有在广东省创新创业意愿的外国留学生，可以凭高等院校毕业证书申请有效期 **2 年**以内的私人事务类居留许可（加注“创业”），进行毕业实习及创新创业活动。其间，被有关单位聘雇的，按规定办理工作类居留许可。

14 对中小学校招收的外国学生，因紧急事由来广东省就读的，可以凭广东省中小学校录取通知书及证明函件向广东省口岸签证机关申请 X1 字签证，入境后可以按规定办理学习类居留许可。对持其他签证入境的，可以凭学校录取通知书及证明函件签发学习类居留许可。

15 广东省内已获得在华永久居留资格或工作类居留许可的外籍高层次人才及港澳台高层次人才，提供个人担保和雇佣合同，可以为其聘雇的外籍家政服务人员申请相应期限的私人事务类居留许可（加注“家政服务”）。

16 积极支持广东省向国务院申请优化完善外国人过境免签政策。将广东省现行的 51 国人员在广州白云国际机场 72 小时过境免签范围进一步扩大，入境口岸从白云机场空港口岸扩大至深圳宝安机场、揭阳潮汕机场空港口岸，出境口岸从白云机场空港口岸扩大至全省所有陆、海、空对外开放口岸，实现空港、陆空、海空口岸联动。免签期间活动范围限于广东省行政区域，停留时限从 72 小时延长至 144 小时。

扫码查看政策解读

更多出入境政策资讯
详见市公安局官网

工作许可和居留许可并联申请7个工作日办结

2020年12月11日，外国人就业居留事务服务中心正式启用，外国人综合服务管理平台同步上线运行。市公安局出入境管理部门、深圳市科技创新委员会（市外国专家局）通过整合两个部门服务管理外籍人员的职能，充分利用科技信息化手段，搭建外国人综合服务管理平台，推进部门数据共享、服务窗口整合、业务流程再造，将外国人来华工作许可、外国人工作居留许可两项事务统一整合为“外国人在深就业居留事务”，促进了“一窗许可通办”“一网通办”。

深圳通过“一站式”综合服务，实现外籍人士申请工作许可和工作居留许可两个证件“一次办”，把审批时限压缩到7个工作日。截至2021年8月31日，“外国人综合服务管理平台”已受理涉外单位信息新增备案业务**5880笔**，工作许可和居留许可并联业务**2667笔**，按每笔业务节约**7个**工作日计算，节约申请人办证时限**21336个**工作日。

流程图：

单位在外国人综合服务管理平台同时发起工作许可和居留许可网上申请。

外专局工作人员在平台上对并联申请进行网上预审核，预审核通过后平台发送短信通知申请人预约出入境业务，打印预约表后携带材料到窗口核验原件。

外专局及出入境窗口核验办理两证需要的原件材料无误后，由出入境窗口在平台受理，平台将电子材料分别导入外专局业务系统和出入境管理局电子档案业务系统。

外专局和出入境管理局同时对工作许可和居留许可申请进行并联审批。

7个工作日后，申请人即可前往外国人就业居留事务服务中心发证窗口同时领取工作许可和居留许可或者选择邮寄方式送达。

咨询电话：12367（出入境）

咨询电话：0755-88121678（外专局）

品牌招聘活动
热情诚意揽英才

人才强市，引智求贤。为了便利人才来深圳工作，深圳每年都会推出多场线上线下招聘会，并打造出“菁英聚鹏城”等品牌招聘活动，诚意向全球吸纳英才。想来深圳工作的你，可以通过校园招聘和社会招聘获取工作机会。

各高校用心用情“搭桥牵线”，护航毕业生求职之路

就业是最大的民生。近年来，深圳针对高校毕业生等重点群体，在就业季组织多场校园招聘会，畅通线上线下招聘渠道，为学子就业“牵线搭桥”，全力确保其顺利从校门跨入职场。比如 2022 年，深圳在南方科技大学、深圳大学、深圳信息职业技术学院、深圳技师学院等院校举办线下校园招聘会，每场招聘会都有 **100 家**以上深圳注册的用人单位入场招聘。

同时，深圳每年也会针对毕业生推出主题网络招聘会活动。2022 年主题网络招聘月从 4 月持续到 11 月，在活动专属网页逐个登场。主题分别是 IT 互联网行业、金融行业、新兴产业、房地产行业、国企专场、硕博专场、生物医药专场、人工智能专场。每期邀请 **60 家**或以上用人单位免费参加招聘，累计发布 **10000 个**以上就业岗位。

扫码查看校园招聘活动专属网页

“菁英聚鹏城”校招活动，提供优质国企岗位

这是深圳市国资委于 2017 年开始，每年定期举办的市属国企校园招聘活动，已成为全国闻名的高质量、常态化“先行示范”国资国企校招品牌。每年都有数百家市属国企参与活动，横跨现代综合、房地产 / 建筑、城市交通、科技金融、公共事业 **5 大类**板块，提供超多优质岗位。

毕业生只需扫描“深圳国资招聘”二维码，便可进入线上招聘平台，在线享受热门岗位一站获取、人才简历一键投递、空中面试无限互通、职场课程专业提升等“一站式”服务。

深圳国资招聘
公众号

“菁英聚鹏城”
小程序

欢迎登录“深圳公共就业服务平台”，直接与意向企业沟通

服务平台由深圳市人力资源和社会保障局职业介绍服务中心创办，旨在为求职者提供全方位、多渠道的就业服务。网站页面简洁，可以像“逛淘宝”一般浏览着岗位信息。

服务平台提供 24 小时不间断的免费招聘、求职服务，无简历投递限制，不需要开会员。你既可查看企业招聘信息，亦可根据自己的兴趣自行搜索职位，在网站上与意向企业沟通了解。你还可以免费进行职业测评，帮助你正确地认识职业、了解自我。

扫码进入
服务平台

扫码进行
职业测评

搞事业 来深圳就对了！

Build your career

近年来，深圳已建立起“基础研究＋技术攻关＋成果产业化＋科技金融＋人才支撑”全过程创新生态链，推动创新链、产业链、资金链、人才链深度融合，打造成为全球各类人才向往集聚之地。

五湖四海的英才们，来深圳大展拳脚吧！

创新篇

从“0”到“1”

改革创新始终是深圳的根与魂。

干事创业，实现梦想。深圳聚焦科技创新“主战场”，充分发挥“基础研究 + 技术攻关 + 成果产业化 + 科技金融 + 人才支撑”全过程创新生态链作用，以具有全球感召力的干事创业平台打造创新力量集聚的“梦之队”，加强基础研究和前沿探索，国际合作取得新突破，不断推出新技术、新产品、新业态、新模式，加快建设具有全球重要影响力的科技创新中心。

深圳全社会研发投入与科技研发资金均领先全国平均水平。2021 年，深圳全社会研发投入经费 1682 亿元，占全国的 6%、全省的 42%；同年，深圳市科技研发资金 134 亿元，达科技部和国家自然科学基金委的 14%，聚焦重点领域、关键环节、重大战略平台，年度总计资助项目 2.4 万个。

《2022 年全球创新指数报告》显示，深圳—香港—广州科技集群综合实力位列全球第二。

2022 年度盘点
深圳科技创新工作十大亮点

深圳高新区发展专项计划 最高可获 3000 万元 支持

01

国家高新区经过 20 多年发展，已经成为我国实施创新驱动发展战略的重要载体，在转变发展方式、优化产业结构、增强国际竞争力等方面发挥了重要作用。经过多年跨越式发展，深圳高新区打造了新一代电子信息万亿级产业集群，培育了一大批具有国际竞争力和影响力的创新型企业，已成为深圳高新技术产业发展的“主阵地”。

深圳高新区在 2021 年度科技部火炬中心国家高新区评价中综合排名位列全国第二，综合质效和持续创新力位列全国第一。2021 年，高新区拥有国家高新技术企业 5450 家，国家级“专精特新”企业 144 家，制造业“单项冠军”16 家，境内外上市企业 185 家，占全市比重达 1/3。

深圳市科技创新委员会制定《深圳市高新技术产业园区发展专项计划管理办法》，引导和带动区级财政资金、企业资金和社会资本参与深圳高新区的建设发展，对营造优秀创新创业环境，支撑培育具有卓越竞争力和影响力的“20+8”战略性新兴产业和未来产业具有重要意义。

[主要适用条件]

专项计划的支持对象包括下列情形：

1. 在深圳高新区内依法注册，具备法人资格的企业、高等院校、科研机构、社会组织等单位或者是经市政府批准设立的其他机构，以及在深圳高新区依法经营、完成火炬统计等统计填报工作的深圳高新区纳统企业。

2. 在本市（含深汕特别合作区）依法注册，对在深圳高新区内注册或者经营的企业进行投资的投资机构、对协助从本市外引入科技企业落户深圳高新区的单位以及开展深圳高新区品牌建设活动的单位。

政策权益：

01 对在深圳高新区设立并符合条件的概念验证中心、中试基地、成果产业化基地等创新平台给予相应支持，具体支持标准如下：

01 对开展项目遴选、技术论证、商业化开发等的概念验证中心，按每年度最高不超过 **3000 万元**给予支持；

02 对开展实验室成果开发和优化、投产前试验、试生产服务等的中试基地，按每年度最高不超过 **3000 万元**给予支持；

03 对开展科技成果落地转化、场景化应用、产品化等的成果产业化基地，按每年度最高不超过 **3000 万元**给予支持。

02 对符合“20+8”战略性新兴产业和未来产业发展方向的科技企业培育项目给予相应支持，具体支持标准如下：

01 对上年度研发投入占营收不低于 **5%**、营收增速不低于 **20%** 的科技企业，每年按最高不超过 **100 万元**给予支持；

02 对从本市外引入科技企业，实缴注册资本在 **1 亿元**以上（含 1 亿元）**5 亿元**以下（不含 5 亿元）的项目，按最高不超过 **100 万元**给予支持；实缴注册资本在 **5 亿元**以上（含 5 亿元）**50 亿元**以下（不含 50 亿元）的项目，按最高不超过 **500 万元**给予支持；实缴注册资本在 **50 亿元**以上（含 50 亿元）的项目，按最高不超过 **1000 万元**给予支持；

03 对于从本市外引进实缴注册资本 **5 亿元**以上（含 5 亿元）的科技企业落户深圳高新区的协助引进单位，按每引入一家科技企业给予不超过 **10 万元**支持，每家单位每年累计不超过 **100 万元**。

03 鼓励投资机构对深圳高新区内的种子期、初创期科技企业开展股权投资等业务，具体支持标准如下：

01 对上年度投资深圳高新区种子期、初创期科技企业的投资机构，单个投资项目按最高不超过**100万元**给予支持，每家投资机构在每个园区年度累计按最高不超过**500万元**给予支持；

02 对上年度获得投资机构投资的种子期、初创期科技企业，按最高不超过**100万元**给予支持。

04 支持高新区营造优秀创新创业环境，对以深圳高新区为主题的创新创业大赛、主题论坛、专题会议、展会展览、招商推广等活动以及深圳高新区范围内的形象提升、标识建设等事项予以相应资助。经事前备案，根据活动或事项的实际费用，每家单位最高可获得不超过**300万元**市级财政资金支持。

办理途径：

深圳高新区各园区管理机构提前谋划项目储备，通过发布申请指南、受理项目申请、专家评审或专项审计、考察核查、审批公示等环节，建立资助项目库，草拟当年度资金实施方案提交市科技行政主管部门审批。市科技行政主管部门批复当年度资金实施方案，并将市级财政科研资金拨付至深圳高新区各园区管理机构。

扫码查看
政策原文

咨询电话：0755-88127569（行政服务大厅）

中小微企业和创客团队每年最高可领20万元科技创新券 02

为完善综合创新生态体系，鼓励企业和创客开展科技创新创业活动，推动科技资源开放共享，深圳市科技创新委员会制定《深圳市科技创新券项目实施办法》，受到了中小企业的广泛好评。

科技创新券是指由深圳市科技行政主管部门利用财政资金支持科技型中小微企业、创客团队向服务机构购买与其科技创新活动直接相关科技服务的一种政策工具。创新券由企业、创客团队申领和使用，由服务机构收取和申请兑现。创新券的实施解决了中小企业在创业过程中的科技服务需求，促进其快速成长，激发了中小企业创新活力和发展动力。

[主要适用条件]

申请创新券的企业或者创客团队，应当同时符合以下条件：

1. 企业应当在本市或者深汕合作区内依法注册、具有独立法人资格，且符合《中小企业划型标准规定》（工信部联企业〔2011〕300号）划定标准的中小微企业；创客团队应当为入驻市级以上（认定）备案的众创空间；
2. 上年度应当产生研发费用支出；
3. 购买的科技服务应当与开展的研发活动有直接相关性；
4. 上年度创新券无剩余额度；
5. 科研诚信记录良好。

创新券支持的服务范围如下：

1. 研究开发服务，主要包括工业（产品）设计、集成电路设计、技术解决方案、中试及工程化开发、云计算等服务；

2. 技术转移服务，主要包括技术转移、成果转化等服务；

3. 知识产权服务，主要包括知识产权代理、知识产权检索分析等服务。

政策权益：

按申请单位类别不同，创新券申领设置不同的额度，其中中型企业、小型企业、微型企业、创客团队每年申领的额度上限分别是**20万元**、**10万元**、**5万元**、**2万元**。

办理流程：

创新券仅限于购买入库服务机构已登记的科技服务。服务机构应当在“深圳市科技业务管理系统”中登记提供的服务内容、上传服务协议（合同）和付费发票等资料。服务机构在服务事项完成后，按照要求向市科技行政主管部门申请创新券兑现。

办理途径：

企业和创客团队通过“深圳市科技业务管理系统”在线填报项目申请书，并且提交以下资料：企业上传上年度财务审计报告，创客团队上传所入驻众创空间的财务审计报告；科研诚信承诺书。

咨询电话：0755-88127569（行政服务大厅）

扫码查看政策原文

扫码登录深圳市科技业务管理系统

深圳市工程技术研究中心认定最高可获 300 万元资助 03

目前，深圳拥有 3 大国家制造业创新中心、33 家国家企业技术中心、6 家省级制造业创新中心、1 家市级制造业创新中心，初步建立起国家、省、市三级创新中心梯队培育体系，助推先进制造业高质量发展。

为加快推进企业研发机构建设，建立健全以企业为主体、市场为导向、产学研相结合的技术创新体系，深圳市科技创新委员会制定《深圳市工程技术研究中心认定与运行管理办法》，设立并资助深圳市工程技术研究中心。重点支持新一代信息技术、高端装备制造、绿色低碳、生物医药、数字经济、新材料、新能源、海洋经济等领域。

[主要适用条件]

1. 申请单位应当是在深圳市（含深汕特别合作区）依法注册，具有独立法人资格的国家高新技术企业。优先支持产品、技术水平和综合实力在同行业中名列前茅的大中型企业。已承担市工程技术研究中心组建任务的依托单位原则上不予重叠认定。

2. 企业建有专门的研发机构，有持续的研发投入，上一年度销售额不低于 5000 万元，近 2 年（2020 年 1 月 1 日—2021 年 12 月 31 日，下同）每年研发费用 1000 万元以上。

3. 企业近 2 年获得授权的知识产权（包括发明、实用新型、非简单改变产品图案和形状的外观设计、软件著作权、集成电路布图设计专有权、植物新品种、药品注册批件等）总计不少于 15 项（其中，发明专利、软件著作权、集成电路布图设计专有权或者植物新品种总计不少于 7 项）。

4. 申请组建的市工程技术研究中心应配备管理负责人和技术带头人，其中拥有一定数量的专职高端科研人员。专职高端科研人员不得同时隶属于其他省部级以及市级科技创新载体。

5. 具备工程技术试验条件和基础设施，研发专门用房面积 500 平方米以上，有必要的检测、分析、测试手段和工艺设备（不包括生产用设备），仪器设备及专用软件的原值不低于 700 万元（软件类市工程技术研究中心相应的原值不低于 400 万元）。

政策权益：

对符合认定条件的申请，由市科技行政主管部门择优认定。按照依托单位上两年度研发经费之和扣除同期财政补助部分后 50% 的资金，经核定后给予不超过 300 万元资助。

办理流程：

申请单位网上申报—深圳市科技创新委员会对申请材料进行初审—专家答辩评审—现场考察—社会公示—市科技创新委员会审定—项目入库。

办理途径：

申请单位在网上填报时限内登录深圳市科技业务管理系统在线填报。申请获得立项后，再根据通知要求提交纸质材料并验原件。

扫码登录深圳市科技业务管理系统

扫码查看 2023 年申请指南

扫码查看政策原文

咨询电话：0755-88102176、0755-88102234（深圳市科技创新委员会）

基础研究项目最高可领300万元资助

04

为规范和加强深圳市基础研究项目管理，完善与基础研究、应用基础研究特点相适应的经费保障、成果评价和人才激励机制，深圳市科技创新委员会制定了《深圳市基础研究项目管理办法》，加强基础研究工作，提升原始创新能力，加强战略领域前瞻部署，夯实科技创新基础。

[主要适用条件]

基础研究项目负责人应为申请单位全职人员且是所申请基础研究项目的实际负责人，并符合以下条件：

1. 申请面上项目的负责人，应具有高级专业技术职务（职称）或者具有博士学位；具有中级专业技术职务（职称）或者硕士学位的，应当有2名与其研究领域相同、具有高级专业技术职务（职称）的科学技术人员推荐；在站博士后研究人员的，须由申请单位提供书面承诺，保证在项目获得资助后延长其在博士后工作站的期限至项目资助期满或者出站后继续留在申请单位从事相关研究。

2. 申请重点项目的负责人，应当具有承担基础研究课题的经历，并具有高级专业技术职务（职称），在站博士后研究人员、正在攻读研究生学位的人员不得作为项目负责人。

政策权益：

基础研究项目类型包括面上项目和重点项目，采用事前无偿资助方式：

01 面上项目支持科学技术人员自主选题，开展创新性的科学研究，促进各学科均衡、协调和可持续发展。每个项目资助额度最高不超过 **60 万元**，研究期限为 **3 年**。

02 重点项目支持科学技术人员针对已有较好基础的研究方向或者学科生长点开展深入、系统的创新性研究，促进学科发展，推动若干重要领域或者科学前沿取得突破。重点项目应当体现有限目标、有限规模、重点突出的原则。每个项目资助额度最高不超过 **300 万元**，研究期限为 **3 年**。

办理流程：

面上项目采用直接申报模式，市科技行政主管部门根据年度重点工作以及深圳市科技研发资金支出计划，制定面上项目申请指南。

重点项目采用“先征集、再选题、发指南，后申报”的模式。市科技行政主管部门面向全市征集重点项目课题，根据深圳市优先发展领域、学科发展战略以及深圳市科技研发资金支出计划，凝练选题并制定项目指南。

项目负责人应当按照年度项目指南要求，通过所在单位提出书面申请。

办理途径：

申请单位在网上填报受理时限内登录深圳市科技业务管理系统在线填报申请书，上传电子扫描版申请附件（复印件需加盖申请单位公章），点击“签字盖章页打印”，将打印文件签字盖章后扫描上传，提交审核（系统受理状态为“待窗口受理”）。

扫码查看
政策原文

扫码登录深圳市
科技业务管理系统

咨询电话：0755-88127371、0755-88103567（深圳市科技创新委员会）

核心技术攻坚项目最高可领3000万元资助

05

为进一步加大力度实施核心技术攻坚，推动更多重大核心技术自主可控，构建灵活、高效、规范的技术攻关专项体系，深圳市科技创新委员会制定《深圳市技术攻关专项管理办法》。按照“需求出发、目标导向，精准发力、主动布局”的原则，重点资助事关产业核心竞争力、自主创新能力的核心技术、关键零部件和重大装备，加强跨行业、跨区域协同创新。技术攻关项目实施以来，增强了深圳自主创新能力，产生了一批具有核心自主知识产权的科技成果，为建成竞争力、影响力卓著的创新引领型全球城市提供了重要科技支撑。

[主要适用条件]

根据定位不同，技术攻关专项分为面上项目、重点项目、重大项目和悬赏项目四类：

1. 面上项目聚焦战略性新兴产业等科技领域，侧重于对产业发展关键技术和关键零部件等进行攻关。
2. 重点项目聚焦战略性新兴产业、促进生态文明建设和民生改善等科技领域，侧重于对科技瓶颈性核心技术、关键零部件、高端装备进行集中攻关和重点突破。
3. 重大项目聚焦重大应用研究和重大战略产品开发，侧重于对重要领域的重大技术系统、重大工程、重大装备等进行重点攻关。
4. 悬赏项目侧重于以更加灵活的方式、实际效用为导向，通过面向社会悬赏揭榜的方式，对符合产业发展导向或者公益性应急需要的科研攻关予以支持。

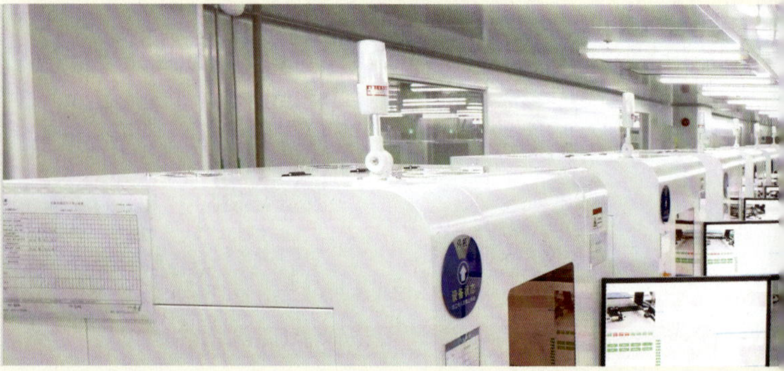

政策权益：

对符合条件的项目，资助额不高于项目总预算的 **50%**，并且根据项目评审结果，实行阶梯资助：

面上项目单个项目资助额不超过**500万元**（含本数）；	悬赏项目单个项目资助额不超过**1000万元**（含本数）；
重点项目单个项目资助额不超过**1000万元**（含本数）；	重大项目单个项目资助额不超过**3000万元**（含本数）。

经市政府批准的悬赏项目、战略性关键核心技术攻关重大项目，资助金额不受上述限制。

办理流程：

市科技行政主管部门组织专家或者委托第三方专业机构对征集的课题建议进行专家评审，择优确定项目课题，制定发布项目申请指南。

办理途径：

申请单位根据项目申请指南要求，向市科技行政主管部门提交申请书、可行性报告、合作协议等材料。市科技行政主管部门组织对所受理的项目进行形式审查。对通过形式审查的项目，面上项目按照市科技项目评审办法组织专家评审；重点项目、重大项目按照市重大科技计划项目评审办法采用"主审制"评审；公益性应急科研项目可参照市重大科技计划项目评审办法采用专家论证。

扫码查看
政策原文

咨询电话：0755-88127569（行政服务大厅）

技术转移和成果转化最高可获 200 万元资助

06

为支持科技成果在深圳产业化，促进科技与产业融通发展，提高我市技术创新和技术转移服务水平，深圳市科技创新委员会于 2019 年 10 月发布了《深圳市技术转移和成果转化项目资助管理办法》，为我市技术转移培育提供了制度保障。管理办法发布以来，进一步活跃了深圳的技术市场，推动了高校创新验证中心设立和技术转移服务机构能力提升。

2021 年 5 月，深圳市科技创新战略研究和技术转移促进中心成立。2022 年深圳市共认定登记 14685 项技术合同，技术合同成交额 1576 亿元，核定技术交易额 1347 亿元，占全省比重 34%。

为进一步加强技术转移机构分类指导，培育一批专业性强、特色明显的技术转移机构，提高我市科技创新和技术转移服务水平，加快国家技术转移南方中心建设，在原管理办法的基础上，深圳市科技创新委员会对技术转移和成果转化项目类别、技术转移机构评定条件、资助条件和金额、资助流程、考核机制等进行深入研究，新编制了《深圳市技术转移和成果转化项目资助管理办法》。

技术合同资助项目

[主要适用条件]

申请单位申请技术合同资助，应当符合以下条件：

1. 在深圳市（含深汕合作区）依法设立，具有独立法人资格的企业、高等院校、科研机构和社会组织；
2. 《技术合同》的卖方或者受托方，《技术合同》包括技术转让、技术开发、技术服务、技术咨询合同；
3. 申请单位签订的《技术合同》应当在上年度经过深圳市技术合同登记机构的认定登记，且未享受过减免流转税优惠政策。多个符合条件的《技术合同》，可以合并申报。

政策权益：

按申请单位上年度技术交易收入额的 **3%** 予以资助，每年资助金额累计不超过 **200** 万元。

技术转移机构培育项目

[主要适用条件]

申报技术转移机构培育项目的技术转移机构，应当先申请列入技术转移机构库。申请入库的技术转移机构应当符合以下条件：

1. 在深圳市（含深汕合作区）依法设立，具有法人资格的企业、高等院校、科研机构和社会组织；
2. 设立并运营半年以上；
3. 具有固定的经营场所、满足经营要求的办公设备和条件；
4. 主要负责人具有较强的开拓创新精神、一定的实践经验及管理水平；
5. 管理规范，规章制度健全，具有明确的从事技术转移服务的章程、客户管理服务规范和程序、健全的内部管理制度，以及技术转移专职人员培训计划；
6. 具有明确的服务对象群体以及至少 1 个技术转移成功案例。

政策权益：

按照申请单位上年度经审计的在深圳投入技术转移的专项费用的 **50%** 予以资助，其中，高校科研院所技术转移培育、技术转移人才培养基地培育、新认定国家级技术转移机构单项资助每年不超过 **100 万元**，技术转移特色基地培育单项资助每年不超过 **500 万元**。

办理途径：

市科技行政主管部门每年公开发布技术转移和成果转化项目资助申请指南。申请单位应当根据申请指南的步骤和程序，在规定期限内，提出书面申请，并提交以下材料：

01 项目申请书；

02 机构上年度财务审计报告、项目专项审计报告；

03 与所申请项目相关的证书、授牌等材料；

04 科研诚信承诺书；

05 资助申请指南要求的其他材料。

扫码登录深圳市科技业务管理系统

扫码查看政策原文

咨询电话：0755-88127569（行政服务大厅）

国际科技交流合作项目最高可获 300 万元资助

07

国际科技交流合作项目是深圳市科技发展计划体系的组成部分，是促进和支持各类科技计划在实施中开展国际合作与交流，并逐步拓展国际合作渠道的一项专项性计划。深圳市科技创新委员会制定《深圳市国际科技交流合作项目资助管理办法》，对政府间合作项目、自主合作项目、活动交流项目和人员交流项目等国际科技交流合作项目进行资助。自实施以来，取得了一大批国际先进水平的技术成果，疏通了深圳市科研机构和企业进入国际合作与竞争平台的渠道，扩大对外科技交流与合作力度，提升深圳市科技创新国际化水平。

[主要适用条件]

国际科技交流合作项目有关计划纳入市科技研发资金预算，根据项目类别采取事前资助或事后补助，具体项目类别如下：

1. 政府间合作项目，是指通过政府间双边和多边科技合作协定或者协议框架确定，并对本市科技、经济、社会发展和总体外事工作有重要支撑作用的国际科技合作项目；
2. 自主合作项目，是指以产学研为导向，由本市高等院校、科研机构和企业主动组织设计开展，通过设立联合实验室、合作研发等实质性举措，与国（境）外科研机构、大学、企业开展合作；
3. 活动交流项目，是指在本市举办的，具有国际影响的国际会议；承担市政府及其部门在本市或者国（境）外举办的大型科技合作交流推介会、科技合作项目对接会等项目；
4. 人员交流项目，是指本市高等院校、科研机构上年度开展的国际科技交流合作中，涉及外国专家学者来本市从事学术性交流合作支出的相关费用补助。支出费用包括外国专家学者来本市的差旅费、食宿费和劳务费。

政策权益：

政府间合作项目资助金额不超过中方研发投入资金的 **50%**，最高资助 **300** 万元。

自主合作项目资助金额不超过中方研发投入资金的 **50%**，最高资助 **100** 万元。

活动交流项目资助金额不超过审计后活动实际发生合理费用，最高资助 **100** 万元。

人员交流项目资助金额不超过实际发生合理费用的 **50%**，最高资助 **100** 万元。

市政府批准的重大政府间合作项目、重大活动交流项目支持额度不受上述限制。

办理流程：

项目申请单位负责组织项目实施，应当根据申请指南的要求，在规定期限内，提出书面申请，承担项目管理和资金管理主体责任。市科技行政主管部门综合专家评审意见和考察结果或者专项审计意见，按照立项原则和梯度资助标准提出拟资助项目和资助金额。

办理途径：

项目申请单位应当向市科技行政主管部门提交以下材料：

01 通过深圳市科技业务管理系统在线填报申请书，提供通过该系统打印的申请书；

02 上年度财务审计报告（指经深圳市注册会计师协会备案的含有防伪标识封面的审计报告）或者通过审查的事业单位财务决算报表；

03 涉及科研伦理与科技安全的项目，提供国家有关法律法规和伦理准则要求的相关材料。

扫码登录深圳市科技业务管理系统

扫码查看政策原文

咨询电话：0755-88127569（行政服务大厅）

中国国际人才交流大会（Conference on International Exchange of Professionals）是我国面向国际科技创新和国际人才交流资源的国家级、国际化、综合性展洽活动。2001 年经国务院批准，由原国家外国专家局创办，迄今已举办**二十届**。2007 年起大会移师深圳，由原国家外国专家局（2018 年起并入科技部）和深圳市人民政府主办。

据不完全统计，每届大会均有来自英国、德国、法国、意大利、美国、加拿大、澳大利亚、新西兰、俄罗斯、乌克兰、日本、韩国、新加坡、以色列、巴西、阿根廷、南非等 **40 余个**国家和地区的专业机构参展，参会的国（境）外专家、海外留学人员和专业人才逾 **35000 人**，累计落地项目超过 **10000 个**。

扫码关注
大会官方公众号

中国深圳创新创业大赛国际赛是由深圳市人民政府主办，深圳市人力资源和社会保障局和各区人民政府共同承办的国际人才创新交流赛事。大赛秉承“开展国际交流合作，共享创新发展机遇”理念，紧扣“双招双引”和深圳产业发展目标，设海外分站赛、行业赛和总决赛，通过赛事搭建了海外人才展示风采、社会资本深度参与、政府扶持创新创业的融汇交流平台。自 2016 年启动以来，深度链接国际创新人才高地，先后在英国伦敦、德国慕尼黑、法国巴黎、荷兰埃因霍温、西班牙马德里、以色列特拉维夫、美国硅谷、澳大利亚悉尼、加拿大多伦多、日本东京等城市举办海外分站赛。

历届大赛累计吸引全球 **9423 个**优秀团队参赛，博士选手和外籍选手人数均超过 **50%**，拥有专利及软件著作权超过 **3500 项**，来深参赛的 **350 个**项目中，超 **120 个**与我市各园区达成合作，**56 个**项目已扎根深圳，**100 多名**海外高层次人才已在深圳创新圆梦。经过多年的实践和创新，大赛已发展成为中国在海外规模最大、知名度最高的创新创业大赛品牌之一，成为面向海外宣传推介深圳的创新名片。

国家和广东省科技计划项目可获 1：1 配套资助 08

为鼓励深圳市的企业、高等院校、科研机构和其他社会组织积极争取国家和省科技计划项目，获得更多的国家和省科技资源，为深圳市经济社会发展作出更大贡献，深圳市科技创新委员会制定《深圳市国家和广东省科技计划项目配套资助管理办法》。配套资金采取无偿资助的扶持方式，与国家或省财政资助金额比例不超过 1：1。

扫码查看
深圳市 2023 年度国家和省配套拟资助项目公示清单

[主要适用条件]

1. 国家和广东省科技计划项目配套资助对象为获评国家科技重大专项的科技项目、中华人民共和国科学技术部和广东省科技厅设立的科技项目。

2. 配套资助申请单位为在深圳市（含深汕特别合作区）依法注册，具备独立法人资格的企业、高等院校、科研机构和社会组织等单位或者是经市政府批准的其他机构，牵头承担或者参与承担国家和省科技计划项目，拥有开展项目的必要条件。

政策权益：

配套资助资金的比例如下：

01 国家和省相关文件（含申报指南、项目或课题任务书和合同等）有明确配套资助资金金额或比例要求的，按照国家和省的相关要求执行。

02 国家和省相关文件有配套资助要求，未明确配套金额或比例的，地方配套比例不超过 **1∶1**，且不超过单位自筹经费的 **50%**。对于单位经费来源主要为财政核拨的高校、科研机构及民间非盈利组织，项目经费自筹部分不设强制性要求。

03 国家和省相关文件没有配套资助要求，但项目申报单位有自筹资金的，可按照不超过国家或省拨资金 **1∶1** 的比例予以配套资助，配套资助资金不超过单位自筹经费的 **50%**。

办理途径：

申请单位应当根据申请指南，向市科技行政主管部门提交相关申请材料。市科技行政主管部门按下列程序办理配套资助：

受理申请；对申请材料进行形式审查；委托专业服务机构审计项目资金到账等情况；对审核通过的项目，确定拟配套资助金额，并按要求会同有关部门核查申请单位是否存在失信、重复资助、重大违法违规等情况，按程序进行公示，确定配套资助项目；年度预算下达后，下达立项文件，拨付配套资金，并将配套资助项目和资金下达情况抄送市财政部门备案。

咨询电话：0755-88127569（行政服务大厅）

扫码查看
政策原文

承接国家重大科技项目可获 1000 万元资助

09

为突出促进国家重大科技项目成果转移转化，支持国家重大科技项目在深圳开展后续研究获成果产业化，打通科技成果产业化的“最后一公里”，深圳市科技创新委员会制定《深圳市承接国家重大科技项目管理办法》。

2021 年，深圳资助了 24 个“2022 年深圳市承接国家重大科技项目”，这些项目或是国家自然科学基金重点项目、国家科技支撑计划项目，或是“973 计划”项目、“863 计划”项目，涉及信息技术、新材料、生物医药、现代农业、工程建设等领域的前沿研究。

扫码查看
2023 年深圳市承接国家重大科技项目拟资助公示清单

[主要适用条件]

1. 承接的国家重大科技项目已经通过验收且未满 **3 年**，项目研究成果未进行产业化应用，符合本市科技创新及产业发展需求；

2. 合作单位中的国家重大科技项目原承担单位应当拥有项目研究成果或其使用权，研究成果无知识产权纠纷；

3. 项目申请单位与合作单位签订真实、有效、具有实质性在本市成果转化内容的合作协议；

4. 项目负责人应当是项目申请单位的全职研究人员，项目组成员应当包含国家重大科技项目原项目组至少 **3 名**成员（其中至少 1 名项目负责人或者课题负责人），并且 **50%** 以上应当是本市（含深汕特别合作区）单位的全职研究人员。

政策权益：

对符合条件的项目，按照项目评审结果，实行定额资助，单个项目最高资助额不超过 **1000 万元**。

办理流程：

市科技行政主管部门发布年度承接国家重大科技项目申请指南，明确承接的国家重大科技项目类别、申请材料等内容。

办理途径：

项目申请单位根据项目申请指南要求，提交申请书、承接国家重大科技项目实施方案、项目成果转化合作协议等申报材料。市科技行政主管部门根据申报要求对所受理的申报材料进行形式审查，对通过形式审查的项目按照本市科技项目相关评审办法组织专家评审，对通过专家评审符合条件的项目进行现场核查。

咨询电话：0755-88127569（行政服务大厅）

扫码查看
政策原文

可持续发展科技专项项目最高可获 800 万元 资助 ⑩

为推进国家可持续发展议程创新示范区建设，推动科技创新与社会发展深度融合，破解制约可持续发展关键瓶颈问题，深圳市科技创新委员会制定《深圳市可持续发展科技专项项目管理办法》。可持续发展专项项目主要用于支持资源高效利用、生态环境治理、“健康深圳”建设、社会治理现代化等领域开展科学技术研究与开发、科技成果应用与示范等科技创新活动。

2022 年，有 56 个项目获资助。高校以及公营机构是实施可持续发展科技专项的主力军。

深圳市科技创新委员会已启动 2023 年度可持续发展科技专项项目指南建议征集工作。征集方向包括 6 大领域：

资源高效利用领域重点支持方向包括土地资源集约节约利用等技术研发与应用；智慧能源、节能与非常规水资源利用、节水器具、绿色建筑、绿色交通、绿色包装、可降解塑料等技术研发与应用等。

生态环境治理领域重点支持方向包括生态环境保护技术、城市水资源与水环境污染治理、地下水环境保护与修复、近岸海域富营养化治理等技术研发与应用；大气复合污染诊断与协同防治等。

生命健康领域重点支持方向包括健康保障、传染病防控、生物安全及科技伦理、智能养老监护及智能产品的适老化等技术的研发与应用，国产高端医疗器械临床验证与应用等。

社会治理领域重点支持方向包括气象、旱涝、地质、海洋自然灾害等防治技术研发与应用；森林火灾，工、矿、商、贸等安全技术研发与应用等。

精准食品与化妆品领域重点支持方向包括营养活性成分识别和精准检测、营养活性成分的结构、代谢、功能及其在食品加工中活性变化规律等技术研发与应用等。

乡村振兴领域重点支持方向包括种质资源创新、关键基因鉴定与功能解析、重要性状控制基因网络与环境应答等技术研发与应用等。

[主要适用条件]

在本市（含深汕特别合作区）依法注册登记，具备法人资格的高等院校、科研机构、医疗卫生机构、国家或者本市高新技术企业：

1. 牵头申请单位应当是在本市（含深汕特别合作区）依法注册登记，具备法人资格的高等院校、科研机构、医疗卫生机构、国家或者本市高新技术企业；
2. 牵头申请单位应当具有项目实施的基础条件和保障能力，诚信守法，具有良好的信誉、健全的组织机构、完善的财务会计和知识产权保护相关制度；
3. 可持续专项项目负责人（以下简称项目负责人）应当具有完成项目所需专业技术能力和组织管理协调能力，项目负责人应为申请单位的全职研究人员；
4. 申请单位所从事的科学技术研究与开发、科技成果应用与示范等科技创新活动应当符合《深圳市重点支持的高新技术领域目录》中涉及可持续专项的领域；
5. 牵头申请单位和合作单位应当签订合作协议，明确各方的合作内容、主要分工及财政资助资金分配比例、成果归属等方面的权责事项。

政策权益：

根据项目研发主要内容、项目考核指标（含经济指标、学术指标、技术指标等），以及研发实际需要，单个项目资助金额的上限分别为**400万元、600万元、800万元**。单个项目资助金额不得超过专项课题资助上限；申请单位为企业的，资助额度不得高于企业的自筹资金。

办理流程：

市科技行政主管部门发布专项课题年度申报指南，载明申请条件、申报材料、申报时限、专项课题及资助上限，以及每个项目资助金额等内容。

办理途径：

项目申请单位应当在“深圳市科技研发资金管理系统”提交以下材料：

通过系统在线填报申请书；项目可行性报告；合作协议；知识产权合规性声明、科研诚信承诺书（申请单位为企业的，还应当提交自筹资金投入承诺书）；项目涉及科研伦理和科技安全的，提供国家有关法律法规和伦理准则要求的批准或备案文件。

咨询电话：0755-88127569（行政服务大厅）

扫码登录深圳市科技研发资金管理系统

扫码查看政策原文

更多政策资讯详见深圳市科技创新委员会官网

产业篇

从“1”到“N”

产业兴则百业兴，产业强则经济强。

深圳坚持制造业立市之本，大力培育发展“20+8”战略性新兴产业集群和未来产业，不断夯基垒台，积厚成势。2021年，深圳战略性新兴产业增加值达到**1.21万亿元**，同比增长**6.7%**，占GDP比重达**39.6%**，产业规模、发展质量和创新能力保持全国前列，涌现出华为、中兴、创维、华星光电、腾讯、大疆、迈瑞等一大批行业领军型创新企业，形成了强大的产业整体竞争优势。2022年，深圳战略性新兴产业增加值合计**1.33万亿元**，同比增长**7.0%**，占GDP比重达**41.1%**。

为进一步加快工业区转型升级和支持实体经济高质量发展，深圳将按照每年建设不少于2000万平方米，连续实施5年的规模进度，向社会提供“工业上楼”的高品质、低成本、定制化厂房空间，为制造业提供更加有力的空间保障。

到 2025 年，网络与通信产业增加值超过 2700 亿元

01

为加快发展壮大网络与通信产业集群，深圳市工业和信息化局、深圳市发展和改革委员会、深圳市科技创新委员会制定《深圳市培育发展网络与通信产业集群行动计划（2022—2025 年）》。

发展现状：

深圳网络与通信产业具备良好产业基础，拥有一批上下游企业，已形成较为完整的供应链、产业链和创新链。2021 年我市网络与通信产业增加值达 **2046 亿元**，是深圳市工业经济发展的重要力量。截至 2021 年年底，深圳市宽带普及和光纤入户建设取得较好成果，家庭固定宽带普及率 **156.9%**，光纤接入用户占比达 **94.4%**，固定网宽带接入用户 **628.5 万户**，移动宽带用户 **2657 万户**，5G 基站超过 **5.1 万个**，实现 5G 独立组网全覆盖。

工作目标：

到 2025 年，深圳网络与通信产业链、创新链、人才链、资金链、政策链相互贯通，成为产业规模领先、产业链安全、应用场景全面铺开的全球网络与通信产业创新发展高地。

01 产业结构实现优化。到 2025 年，网络与通信产业增加值超过 **2700 亿元**，“专精特新”企业数量倍增，关键环节实现突破。

02 产业布局更加完善。到 2025 年，建成网络与通信应用示范园区 **5 个**、终端设备产业基地 **5 个**、核心元器件产业基地 **5 个**。

03 创新能力明显增强。到 2025 年，力争建设 **1—2 个**国家级创新平台，成立 **2—3 个**国际、国内产业标准组织，光传输网络、射频天线、超密集异构网络、软件虚拟化、边缘计算等重点领域和关键技术取得突破。

04 网络建设全球领先。到 2025 年，千兆宽带家庭覆盖率达到 **200%**，累计建成 5G 基站 **6 万个**，建成全球“双千兆、全光网”标杆城市。

05 行业应用全面铺开。智能制造、智慧能源、智慧医疗、全光园区等商用场景的智能化、网联化和全光化水平大幅提升，超高清直播、智能家居等生活化场景广泛应用，一批行业、政务虚拟专网建成使用。

扫码查看政策原文

咨询电话：0755-88102553（深圳市工业和信息化局）

到2025年，新材料产业增加值达到550亿元

02

为进一步聚焦新材料产业发展重点，加速新材料与新技术交叉融合创新，助推传统产业转型升级和战略性新兴产业发展，打造新材料技术创新和应用示范高地，深圳市工业和信息化局、深圳市发展和改革委员会、深圳市科技创新委员会制定《深圳市培育发展新材料产业集群行动计划（2022—2025年）》。

发展现状：

近年来，深圳新材料产业快速增长，产业规模持续扩大，创新能力稳步提升，应用水平显著提高，涌现出一批在全国乃至全球具有竞争力的企业、专精特新“小巨人”企业、初创企业，形成了以先进电池材料产业集群为代表的产业集聚效应。2021年深圳市新材料产业增加值达到**324亿元**。

工作目标：

01 产业规模跃升。到2025年，新材料产业增加值达到**550亿元**，培育出新能源材料、先进金属材料、高分子材料等百亿级材料集群，电子信息材料、前沿新材料、绿色建筑材料产业规模稳步扩大。

02 创新能力提升。到2025年，新材料产业创新体系完善，建成一批大科学装置、省级重点实验室、新型研发机构等高水平创新载体，力争建成**1—2个**省级及以上创新中心、**1—2个**省级及以上重点实验室和市级及以上企业技术中心。

03 核心技术突破。到2025年，在关键重点技术上实现自主研发、自主创新，形成一批具有自主知识产权的国际领先的原创核心技术，布局一批关键核心领域高价值专利，产出一批产业带动性强、具有自主知识产权的重点产品。

04 技术转化加速。到2025年，聚焦新材料创新技术转化的关键薄弱环节，革新材料设计、研发、验证、应用的模式，打造完善的新材料企业“研发—孵化—加速—产业化”体系，孵化成功一批原创性项目，成为全球知名的新材料创新技术快速转化示范区。

扫码查看政策原文

咨询电话：0755-88102553（深圳市工业和信息化局）

到 2025 年，超高清视频显示产业营收超过 4500 亿元

03

为抢抓超高清视频显示发展机遇，加快发展超高清视频显示产业集群，促进产业迈向价值链高端，抢占产业制高点、构筑产业新优势，深圳市发展和改革委员会、深圳市科技创新委员会、深圳市工业和信息化局、深圳市文化广电旅游体育局发布《深圳市培育发展超高清视频显示产业集群行动计划（2022—2025 年）》。

发展现状：

深圳市已形成具有竞争优势和带动作用的超高清视频显示产业集群，2021 年产业主营业务收入约 **2900 亿元**，位居全国前列。超高清视频显示终端出货量占据全球重要份额，偏光片、掩膜版等关键材料和面板制造设备方面的自给率显著提升，工业检测、文教娱乐等领域的行业应用占据领先地位，采集模组和整机领域处于国内一流水平，具备较为完整的产业链布局。

工作目标：

到 2025 年，形成规模领先、创新引领、结构优化的产业生态体系，建成协同创新、联动发展的特色产业集聚区，集聚效应逐步显现，打造具有全球竞争力的超高清视频显示产业集群。

01 产业规模持续领先。到 2025 年，超高清视频显示产业主营业务收入超过 **4500 亿元**，培育营收超百亿企业 **8 家**以上、营收超十亿元企业 **20 家**以上，大尺寸面板和超高清视频显示终端的出货量和市占率全球领先，深圳成为全球重要的超高清视频显示全产业链技术创新高地和高端生产制造基地。

02 创新能力显著提升。超高清视频显示产业创新体系逐步完善，建设 **5 个**产业协同公共服务平台、**8 个**产学研共建联合实验室，在超高清视频显示传输、基础软件、新型显示等关键环节取得突破。

03 产业布局逐步完善。建成 **30 个**以上超高清视频显示应用示范项目，核心器件自主化水平和生产工艺配套能力显著提高，终端整机制造领先地位进一步巩固，行业应用市场规模和示范效应进一步提升。

扫码查看政策原文

咨询电话：0755-88125842（深圳市发展和改革委员会）

到2025年，工业母机产业增加值达到350亿元

04

为加快发展壮大工业母机产业集群，深圳市工业和信息化局、深圳市发展和改革委员会、深圳市科技创新委员会制定《深圳市培育发展工业母机产业集群行动计划（2022—2025年）》。

发展现状：

2021年深圳市工业母机产业增加值达到**217亿元**，用于3C制造领域的数控机床国内市场占有率较高，锂电池专用设备技术水平达到国内领先，部分领域初步形成集上游核心零部件、中游设备本体和下游应用较为完备的产业链。

工作目标：

01 产业规模不断壮大。到2025年，产业规模保持较快增长，重点细分领域产值规模不断扩大，重点企业产值不断迈上新台阶，工业母机产业增加值达到**350亿元**。

02 创新能力不断增强。到2025年，中高档核心功能部件自主供给能力显著提高，新增**1家**省级或以上制造业创新中心，**10家**以上制造业“单项冠军”、专精特新“小巨人”、独角兽企业。

03 产业数字化显著提升。到2025年，组织推广一批数字化应用示范工程，基本建成工业母机知识库和工艺库，基本建成以应用为核心的知识生态。

04 产业生态逐步完善。到2025年，建设若干检测认证、标准制定等公共服务平台，工业母机配套支撑体系进一步健全，形成生态完善、链条完整、特色鲜明的发展格局。

扫码查看政策原文

咨询电话：0755-88102553（深圳市工业和信息化局）

到 2025 年，激光与增材制造产业增加值达到 140 亿元

05

为加快发展壮大激光与增材制造产业集群，深圳市工业和信息化局、深圳市发展和改革委员会、深圳市科技创新委员会制定《深圳市培育发展激光与增材制造产业集群行动计划（2022—2025 年）》。

发展现状：

深圳是国内重要的激光与增材制造产业集聚区，产业规模、企业数量和有效专利量国内领先，已初步形成覆盖材料、器件、软件、设备和应用服务全链条的产业生态体系，多模块连续光纤激光器、高功率激光切割头、电池焊接装备等产品类别处于国内一流行列。2021 年深圳市激光与增材制造产业增加值达到 **73 亿元**。

工作目标：

01 产业规模跃升。产业规模持续领先。到 2025 年，产业增加值达到 **140 亿元**，新增 **10 家**制造业"单项冠军"、专精特新"小巨人"独角兽企业。

02 创新能力稳步提升。到 2025 年，在基础材料、核心零部件、支撑软件、高端器件等关键领域取得实质性突破，新增 **10 家**省级或以上制造业创新中心、**10 家**企业技术中心。

03 行业应用深度融合。到 2025 年，围绕 3C 电子、新能源、新型显示等优势领域，打造一批"激光 +"和"3D 打印 +"智能制造应用示范项目。

04 产业生态持续优化。到 2025 年，建成若干检验检测、试验验证、应用研发等产业基础设施和公共服务平台，推动专业展会、高端论坛等行业活动的开展，形成覆盖源头创新、智能制造、创新应用的产业发展生态。

扫码查看政策原文

咨询电话：0755-88102553（深圳市工业和信息化局）

到2025年，软件与信息服务产业集群增加值突破4200亿元

06

为加快发展软件与信息服务产业集群，深圳市工业和信息化局、深圳市发展和改革委员会、深圳市科技创新委员会、深圳市政务服务数据管理局制定《深圳市培育发展软件与信息服务产业集群行动计划（2022—2025年）》。

发展现状：

近年来，深圳软件与信息服务产业呈快速增长态势，产业规模位居全国大中城市前列，2021年深圳软件与信息服务产业增加值**2300亿元**，软件业务收入、软件业务出口、软件著作权登记量均居全国前列，**10家**企业入选2021年度中国软件和信息技术服务竞争力百强企业，**6家**企业入选2021年中国互联网企业综合实力百强企业，拥有人工智能与数字经济广东省实验室（深圳）等一批重大创新载体。

工作目标：

01 产业规模持续扩大。到2025年，软件与信息服务产业集群增加值突破**4200亿元**，大数据、云计算、人工智能等若干细分领域成为新增长点。

02 创新能力显著提升。到2025年，成功研发一批具有自主知识产权的基础软件和工业软件关键技术，部分技术达到国际领先水平，新建**10家**以上高水平研究院、实验室、创新中心等新型研发机构和创新载体，形成开源生态体系。

03 人才引培成效凸显。到2025年，集聚一批在国内外具有行业引领作用的软件与信息服务高层次人才，新增软件从业人员达到**20万人**以上，建设若干特色软件产业学院。

04 产业布局加快完善。到2025年，全市形成一核引领、多中心协同发展的产业新格局，中国软件名城建设提质升级，打造一批国家级、省级、市级软件名园，新增产业空间不低于**300万平方米**。

05 产业结构更加合理。引进和培育一批具有核心竞争力的软件和信息服务企业，力争国家重点软件企业数量达**50家**以上，年营收超**100亿元**企业新增**5家**以上，年营收**10—100亿元**企业新增**50家**以上。

扫码查看政策原文

咨询电话：0755-88102553（深圳市工业和信息化局）

到 2025 年，数字创意产业增加值突破 1000 亿元

07

为加快实施文化产业数字化战略，推动数字创意产业高质量发展，全面提升深圳数字创意产业综合竞争力，深圳市文化广电旅游体育局、深圳市委宣传部、深圳市工业和信息化局发布《深圳市培育数字创意产业集群行动计划（2022—2025 年）》。

数字创意产业是以数字技术为主要驱动力，围绕文化创意内容进行创作、生产、传播和服务而融合形成的新经济，主要包括数字创意技术和设备、内容制作、设计服务、融合服务等四大业态，呈现技术更迭快、生产数字化、传播网络化、消费个性化等特点。加快推进数字创意产业发展，对深化文化产业领域供给侧结构性改革，促进文化产业转型升级，打造更具竞争力的文化产业等具有十分重要的意义，是未来一段时期深圳文化产业发展的重大任务和主攻方向。

工作目标：

到 2025 年，数字创意产业增加值突破 1000 亿元，成为全国数字创意产业创新发展高地。

01 产业结构与区域布局不断优化。加快促进数字创意产业结构优化，形成完善的数字创意产业内部价值链。内容原创、IP 运营等产业“弱链”变强，数字技术与文化创意深度融合、相互赋能。

02 产品质量与创新水平不断提升。塑造一批优质数字内容原创作品和具有鲜明中国文化特色的原创 IP，入选中国民族网络游戏出版工程、国家动漫建设和保护计划的国家级重大项目数量增加一倍以上，打造 **20 个**以上全国知名数字创意品牌。

03 平台支撑与服务能力不断增强。高标准建成一批数字创意孵化和服务平台，重点培育或引进 **2—3 个**国际知名数字创意类展会、活动，建成 **10 个**以上数字创意主题产业园区，培育 **1—2 个**国际顶级电竞赛事。

04 人才供给与培育水平不断提高。加强创作人才和跨学科应用型人才培养，支持高校、科研单位和企业建设 **5 个**以上数字创意产业产学研用创新基地，推动各优势产业门类龙头企业分别建设 **2 个**以上人才培训基地，每年引进海内外高端数字创意人才不少于 **1000 人**。

05 出口贸易与合作交流不断拓展。深度参与国际数字创意产业分工与合作，引进国际高端数字创意资源，巩固数字创意产品和服务出口全国领先地位。培育 **10 个**以上境内外合作数字创意产业基地，推动数字创意产业跨区域协同创新。

扫码查看政策原文

咨询电话：0755-88102253（深圳市文化广电旅游体育局）

到 2025 年，智能传感器产业增加值达到 80 亿元

08

为加快培育发展智能传感器产业集群，深圳市工业和信息化局、深圳市发展和改革委员会、深圳市科技创新委员会制定《深圳市培育发展智能传感器产业集群行动计划（2022—2025 年）》。

智能传感器是具有信息采集、信息处理、信息交换、信息存储功能的多元件集成电路，是集成传感芯片、通信芯片、微处理器、驱动程序、软件算法等于一体的系统级产品，是手机、电脑、智能穿戴、无人机、机器人等各类智能产品必备的核心零部件。

发展现状：

2021 年，深圳市智能传感器产业增加值超过 **40 亿元**，在 MEMS 麦克风领域有技术积累深厚的行业龙头企业，在激光雷达、红外热电堆等细分领域拥有具备较强研发实力和行业影响力的“小而精”科技创新型企业。

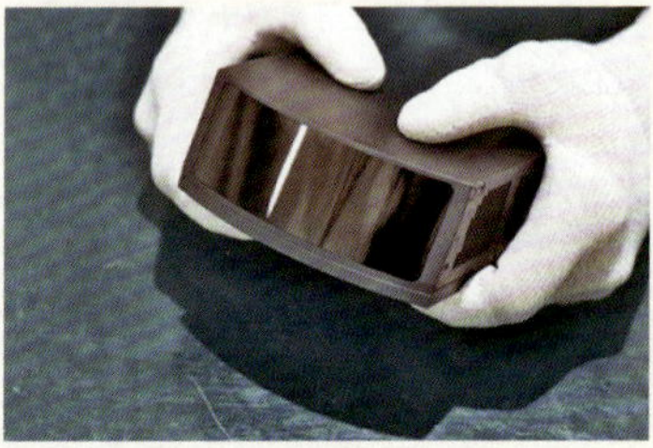

工作目标：

01 产业规模持续扩大。到 2025 年，智能传感器产业增加值达到 **80 亿元**、实现翻番，新增一批专精特新“小巨人”、制造业“单项冠军”、独角兽企业。

02 创新能力不断增强。到 2025 年，突破一批智能传感器核心技术，布局若干技术先进、特色突出、优势互补的高水平创新平台，配套建设 **3 个**以上产业公共服务平台。

03 制造能力显著提升。以行业重点企业为主导，建设高水平专业化产业基地（产业园）、先进传感器工艺中试平台。到 2025 年，建设一条兼具量产能力的 MEMS 中试线，为高端 MEMS 传感器企业提供定制化、规模化加工服务，构建涵盖研发、中试及规模生产的完整 MEMS 产品技术创新链。

04 生态体系基本完善。通过培育、引进一批设计、制造、封测、应用和配套企业，全链条、全要素智能传感器产业集群基本形成，产业协同发展能力日益增强。到 2025 年，创建以智能传感器产业链上下游企业为主的产业园区。

扫码查看政策原文

咨询电话：0755-88102553（深圳市工业和信息化局）

到 2025 年，智能终端产业增加值超过 2700 亿元

09

为加快发展智能终端产业集群，深圳市工业和信息化局、深圳市发展和改革委员会、深圳市科技创新委员会制定《深圳市培育发展智能终端产业集群行动计划（2022—2025 年）》。

智能终端产业集群包括了国民经济行业分类中计算机制造、通信设备制造、非专业视听设备制造、智能消费设备制造 4 项中类 10 项小类，涵盖了智能手机、个人电脑、平板、VR/AR、智能车机、智能可穿戴设备、智能家电以及泛 AIoT 终端产品，产业链包含前端研发设计、上下游元器件生产、终端整机制造、应用服务等多个环节。

发展现状：

智能终端产业是深圳重要的战略性新兴产业，2021 年增加值为 **2092 亿元**。产业链配套能力强，集聚了一批整机品牌企业、先进制造企业以及关键元器件和零部件供应商，形成了集核心零部件研发、代工生产、品牌整机、生态建设为一体的智能终端产业体系。

工作目标：

以构建关键核心元器件到高端整机品牌的完整产业链为目标，全面提升产业创新能力、高端制造能力和产业链配套能力，深化软硬件生态建设和质量品牌建设，持续扩大产业规模，形成以手机为核心，以 X 种新型智能终端产品为辅助，布局 N 个互联应用场景的“1+X+N”智能终端产业生态体系，到 2025 年将深圳建设成为全球手机及新型智能终端集聚区。

01 产业规模持续扩大。到 2025 年，智能终端产业增加值超 **2700 亿元**，主要产品产量明显提高，智能手机、智能电视、智能手表等优势终端产品生产能力进一步提升。

02 企业竞争力显著增强。培育 1—2 个具有“1+X+N”的全系列产品制造能力的知名品牌。培育不少于 **15 家**细分行业领域制造业“单项冠军”、专精特新“小巨人”企业。

03 创新能力和制造能力不断提升。力争打造 **1 个**智能终端领域制造业创新中心。布局不少于 **10 个**产业链关键环节攻关项目。建设一批高水平创新平台。建设 1—2 家“灯塔工厂”，建成一批智能工厂和数字车间。

04 产业生态体系逐步完善。建设 3—5 个上下游产业链完备的细分领域专业园区。深挖智能终端在医疗健康、文教娱乐、智能交通、智慧家庭等行业领域的应用，建设一批示范应用项目。

扫码查看政策原文

咨询电话：0755-88102553（深圳市工业和信息化局）

到2025年，智能机器人产业增加值达到160亿元

⑩

为加快发展壮大智能机器人产业集群，深圳市工业和信息化局、深圳市发展和改革委员会、深圳市科技创新委员会制定《深圳市培育发展智能机器人产业集群行动计划（2022—2025年）》。

发展现状：

深圳智能机器人产业发展态势良好，拥有一批行业骨干企业。工业机器人产业具备较为完整的产业链，在减速器、伺服系统、控制器、本体和集成应用等方面均有布局，其中伺服系统处于国内领先地位；服务机器人领域产品类型丰富，人形机器人全国领先；特种机器人广泛应用于管网管廊、医疗、能源、环保、农业、地铁、应急救援等领域；无人机技术领先，消费级无人机占全球市场较大份额。2021年深圳智能机器人产业增加值达到**89亿元**。

工作目标：

01 产业规模跃升。到2025年，深圳智能机器人产业增加值达到**160亿元**，其中无人机产业增加值达到百亿级规模，工业机器人、服务机器人、特种机器人实现快速增长。

02 创新能力提升。到2025年，智能机器人关键技术取得重大突破，核心零部件自主可控水平大幅提升，产品精度、可靠性、平均寿命等关键指标达到国际先进水平。

03 产业应用拓展。到2025年，组织实施一批电子信息、汽车、教育、安防、物流等领域智能机器人应用示范项目，培育形成一批智能机器人深度应用案例，实现智能机器人在重点行业的规模化应用。

04 产业生态优化。到2025年，打造一批检测认证、标准制定、知识产权运维等公共服务平台，智能机器人配套支撑体系进一步完善，智能机器人高端人才队伍不断壮大。

扫码查看政策原文

咨询电话：0755-88102553（深圳市工业和信息化局）

到 2025 年，海洋产业生产总值突破 4000 亿元

⑪

为全面推动海洋产业高质量发展，打造具有国际竞争力的现代化海洋产业集群，加快建设全球海洋中心城市，深圳市规划和自然资源局、深圳市发展和改革委员会、深圳市科技创新委员会、深圳市工业和信息化局、深圳市文化广电旅游体育局发布《深圳市培育发展海洋产业集群行动计划（2022—2025 年）》。

发展现状：

一是海洋产业初具规模，海洋经济总量不断增长，集聚一批涉海龙头企业。二是港航设施比较完善，2021 年深圳港口集装箱吞吐量达 **2877 万标箱**，位居世界第四。三是海洋科技创新基础较好，深圳市企业研制的蓝鲸系列超深水半潜式钻井平台成功试采可燃冰，首套变频器设备在我国钻井平台成功应用，各类涉海创新载体超过 **60 个**。四是海洋空间载体不断完善，海洋新城、蛇口国际海洋城、坝光国际生物谷、深汕海洋智慧港等重点片区加快建设。

工作目标：

01 海洋产业综合实力稳步提升。到 2025 年，海洋生产总值突破 **4000 亿元**，培育一批涉海龙头企业，对国民经济发展支撑作用进一步增强，形成具有引领带动作用的海洋产业集群。

02 海洋科技创新能力明显提高。到 2025 年，海洋研发投入进一步提高，突破一批前沿交叉技术和共性关键技术，争取推动海洋领域国家大科学装置建设，建设 **3 个**海洋科技基础设施，建成 **6—8 个**海洋科技创新平台，市级以上海洋创新载体超过 **70 个**。

03 海洋产业体系持续完善。到 2025 年，海洋基础设施支撑能力显著提高，深圳港口集装箱吞吐量力争达到 **3300 万标箱**，海洋油气产量持续提升，海上风电示范项目力争取得突破，海洋现代服务业支撑水平进一步提升。

04 区域协同发展格局不断加强。到 2025 年，涉海重点片区建设取得重要进展，在深圳东西部建成和运营若干定位鲜明、配套完善、功能完备的海洋产业集群化发展示范区，构建海洋经济东西两翼协同发展格局。

扫码查看政策原文

咨询电话：12345（按 3 号键再按 2 号键）（深圳市规划和自然资源局）

到2025年，现代时尚产业增加值达到420亿元

⑫

为加快发展现代时尚产业集群，建设具有全球影响力的创新创业创意之都，深圳市工业和信息化局、深圳市商务局、深圳市发展和改革委员会制定《深圳市培育发展现代时尚产业集群行动计划（2022—2025年）》。

发展现状：

深圳2021年时尚产业增加值**377亿元**。其中，服装产业的品牌数量、市场占有率、上市企业数量占据全国女装引领地位，家具产业产品设计、加工工艺在国内处于领先水平，黄金珠宝产业全年黄金提货量占上海黄金交易所的**70%**，钟表产业占全球手表产量的**40%**，皮革产业占据国内鞋包产业的品牌头部地位，眼镜产业的产量约占全球中高端眼镜的**50%**，会展业年办展总面积超过**500万平方米**、展览规模排名全国第四。

工作目标：

01 服装产业高端化数字化水平领先。建成若干产业链协同的服装产业集聚区，搭建**2—3个**服装产业行业级工业互联网平台，新增**10家**以上全国知名品牌，把深圳时装周打造成为具有全球影响力、风向标式的时尚活动。

02 家具产业装配化智能化水平突出。搭建**1—2个**引领全国的装配式家具数字化转型平台，打造**10家**以上全国知名品牌，在智能化家居领域形成一系列先进标准。

03 黄金珠宝产业特色化健康化发展。推动创意设计、工艺材质创新，新增**5—8个**珠宝全国知名品牌，建设深圳国际珠宝玉石综合交易中心，建成国际高端黄金珠宝基地。

04 钟表产业关键技术和品牌力双提升。手表机芯、高端专业手表、智能手表传感器等领域核心技术实现新突破，新增**3—5家**省级以上“单项冠军”、专精特新“小巨人”独角兽企业，引入或培育5—10位钟表技术领军人才、高技能工匠和专业设计师，“中国钟表之都”优势不断巩固。

05 皮革、眼镜、化妆品等产业核心竞争力持续增强。建设3—4个数字化材料图书馆、高通量实验室和原料评估公共服务平台，建成不少于**3个**数字化转型促进中心，重点培育**10家**以上全国知名品牌。

06 工业设计提质增效赋能制造业。力争建成2—3家工业设计研究院，打造1—2个工业设计行业云平台，新增**5家**国家级工业设计中心，推动**20家**“设计驱动型”品牌企业做大做强，将深圳国际工业设计大展打造成具有全球影响力的展览展示平台。

扫码查看政策原文

咨询电话：0755-88107023（深圳市商务局）

到2025年，新能源产业增加值达到1000亿元

⑬

为加快培育发展新能源产业集群，深圳市发展和改革委员会、深圳市科技创新委员会、深圳市工业和信息化局、深圳市规划和自然资源局发布《深圳市培育发展新能源产业集群行动计划（2022—2025年）》。

新能源产业主要包括核能、智能电网、太阳能、储能、天然气及其水合物、风能、氢能、地热能、海洋能等领域。

发展现状：

一是产业发展初具规模，2021年深圳新能源产业增加值约**642亿元**，在核能、智能电网、太阳能、储能等重点领域涌现出一批国内外知名企业。二是新能源供给能力稳步提升，2021年新能源发电装机规模占全市总装机容量**77%**，天然气供应能力占全省比例超四成。三是科技创新能力日益增强，"十三五"期间新能源创新载体数量增长一倍，累计建成超过**100家**。四是标准体系建设成效突出，承担核电领域国家、行业标准制修订超过**1000项**，位居国内领先水平；深度参与编制世界首个虚拟电厂标准体系。五是国际市场影响力不断扩大，中广核为全球**15个**国家和地区提供新能源电力，在建核电机组数量和规模全球领先；光伏逆变器、锂离子电池负极材料市场占有率位居全球前列。

工作目标：

01 产业集聚效应显著增强。到2025年，全市新能源发电装机占比达到**83%**，产业增加值达到**1000亿元**左右，年增加值百亿元级企业**3—5家**，十亿元级企业**30家**，形成产业链上下游协同发展、创新要素集聚、市场活力迸发的产业发展新生态。

02 自主创新能力大幅提高。围绕核能、智能电网、光伏、储能等重点领域，高标准建成一批国家、省市级创新平台，突破一批产业关键核心技术，制定一批行业技术标准规范，建设成为新能源领域重要的技术创新策源地。

03 产业融合发展持续深化。新能源与5G、大数据、人工智能等行业实现深度融合发展。以新型储能为媒介，推动智能电网与电动汽车能量和信息双向互动。试点开展一批多能互补综合能源项目，以应用示范促进综合能源服务跨越式发展。

04 开放合作程度进一步加深。在新能源供应、新能源技术与装备、绿色投融资等方面与粤港澳大湾区城市、国内重点能源基地、"一带一路"沿线国家合作取得显著成效，为国内外能源创新合作探索优势互补、互利共赢新模式。

扫码查看政策原文

咨询电话：0755-88125842（深圳市发展和改革委员会）

到 2025 年，大健康产业营收达到 1200 亿元

⑭

为推动深圳市大健康转型升级，满足人民日益增长的美好生活需要，深圳市发展和改革委员会、深圳市科技创新委员会、深圳市工业和信息化局、深圳市市场监督管理局、深圳市卫生健康委员会发布《深圳市培育发展大健康产业集群行动计划（2022—2025 年）》。

发展现状：

2021 年，深圳市大健康产业营业收入为 **676 亿元**，部分细分领域制造业具有全球竞争力，医疗美容激光设备占据全国 **15%** 左右的市场，新一代测序能力与超大规模生物信息计算与分析能力位居世界前列，营养保健、化妆品、康复养老器具等细分产业初步形成集聚效应。

工作目标：

到 2025 年，大健康产业营收达 **1200 亿元**，培育上市企业 **12 家**，新增 **10 亿元**以上企业 **10 个**，努力打造产业结构合理、产业链条完善的大健康制造业生态体系，建成辐射粤港澳大湾区的健康服务示范中心。

01 产业集聚效应显著。到 2025 年，规划建设 **6 个**以上产业布局合理的产业片区，形成“一核一带、三谷联动、多点支撑”大健康产业空间格局，打造协同效应、集聚效益明显提升的产业集群。

02 产业创新体系完善。培育发展一批自主创新能力强、具有科技引领作用的重点企业，新建一批国家、省市级创新载体，在生命信息、康复养老、精准医疗、数字化健康管理等领域实现技术研发和产业化的重大突破，形成“产学研医”深度融合的大健康产业新模式。

03 健康服务满足居民需求。优质健康资源覆盖面有效扩大，健康技术研发和转化能力大幅提升，医疗美容、康复养老、精准医疗、精准营养和绿色食品等健康产品和服务供给能力大幅提升，公共健康体系更加健全，居民健康显著改善。

扫码查看政策原文

咨询电话：0755-88125842（深圳市发展和改革委员会）

到 2025 年，智能网联汽车产业营收达到 2000 亿元

⑮

为抢抓汽车智能化、网联化和电动化发展机遇，推进智能网联汽车产业集群发展，建设智能网联汽车产业创新和应用高地，深圳市发展和改革委员会、深圳市科技创新委员会、深圳市工业和信息化局、深圳市交通运输局、深圳市市场监督管理局发布《深圳市培育发展智能网联汽车产业集群行动计划（2022—2025 年）》。

发展现状：

智能网联汽车产业是汽车制造、信息通信、交通运输等行业深度融合发展的新兴业态，产业链条长、科技密度高、带动作用强。深圳是全球首个公交出租车全面电动化的城市，汽车产业智能化、网联化、电动化走在全国前列。2021 年，深圳市智能网联汽车产业营业收入 **1066 亿元**，新能源汽车保有量 **54.4 万辆**，公共充电桩 **9.7 万个**，开放智能网联汽车测试道路 **145 公里**，率先在妈湾港实现智能网联汽车规模化示范应用。

工作目标：

01 产业整体实力持续增强。到 2025 年，智能网联汽车产业营业收入达到 **2000 亿元**，形成 **10 家**以上营收超百亿元企业和 **20 家**以上营收超十亿元企业的战略梯队，培育和引进一批具备国际竞争力的企业，产业集聚发展水平显著提升，建成具有全球影响力的智能网联汽车创新和应用高地。

02 产业生态体系更加完善。推动头部企业提升整车智能化、网联化、电动化集成能力，在车用无线通信、智能感知系统、车载计算平台、云服务终端、动力电池、电机电控、充电设施等重要环节培育一批优秀企业，形成“1 家头部企业 + N 家零部件龙头”的发展格局。

03 自主创新能力大幅提升。行业重点骨干企业研发投入强度超 **5%**，建成各级各类创新载体 **40 个**以上，积极参与相关标准制定，关键设备核心技术逐步实现自主可控，重点领域掌握一批核心知识产权。

04 新型基础设施加快部署。加快部署结合感知、通信、边缘计算等能力为一体的智能路侧设施，完善充电、加氢等设施，争创国家级车联网先导区，打造国内领先的智能网联汽车应用示范区，构建功能完备、布局合理、运行稳定、智慧安全的基础设施网络。

扫码查看政策原文

咨询电话：0755-88125842（深圳市发展和改革委员会）

到 2025 年，高端医疗器械产业营收达到 2000 亿元

⑯

为抢占高端医疗器械产业发展制高点，努力建设特色鲜明、体系完善、协作紧密、竞争力强的高端医疗器械产业集群，深圳市发展和改革委员会、深圳市科技创新委员会、深圳市工业和信息化局、深圳市市场监督管理局、深圳市卫生健康委员会发布《深圳市培育发展高端医疗器械产业集群行动计划（2022—2025 年）》。

发展现状：

深圳市高端医疗器械产业起步早、基础好，产业发展水平全国领先。2021 年，深圳市高端医疗器械产业营业收入为 **805 亿元**。截至 2021 年年底，全市共有医疗器械生产类企业 **1800 多家**，产值超亿元的企业近百家，上市企业数量居全国首位，拥有一类产品备案 **3937 个**，累计参与制定医疗器械国际标准 **17 个**、国家标准 **78 个**。

工作目标：

01 产业规模持续壮大，集聚效应显著增强。到 2025 年，全市高端医疗器械产业增加值达到 **650 亿元**，营业收入达到 **2000 亿元**。建成若干特色鲜明、规模效益显著、辐射带动效应明显的产业聚集区，新增销售收入超百亿元企业 **3 家**以上，吸引世界知名医疗器械企业来深设立生产基地、区域总部或研发总部 **5 个**以上，形成 **1 个千亿元级**专业制造园区。

02 创新能力大幅提升，创新产品不断涌现。新增 **30 家**省级以上重点实验室、工程（技术）研究中心等创新载体，进一步将现有国家级平台打造成引领全国医疗器械技术创新和产业高质量发展的新引擎。全市规模以上医疗器械企业平均研发投入强度达到 **10%**，年均新申报上市二类、三类医疗器械产品 **800 个**以上，获批创新医疗器械注册批件 **15 个**以上。

03 产业链条优化完善，服务体系更加健全。解决产业链关键零部件和核心原材料“卡脖子”问题，巩固提升医学影像、生命信息与支持、体外诊断、植介入器械等细分领域的优势。建成一批基础研究、工程技术、产业中试、临床研究和试验、上市后评价和应用示范、供应链及贸易等公共服务平台，打造全国医疗器械 CDMO 服务高地，全产业链服务体系初步建成。

04 监管机制规范高效，产业生态不断优化。充分发挥国家药监局医疗器械技术审评检查大湾区分中心的平台作用，推动产品检验检测机制、审评审批机制、临床研究及试验激励机制、应用示范和品牌推广机制、快速通关机制等不断完善。

扫码查看政策原文

咨询电话：0755-88125842（深圳市发展和改革委员会）

到 2025 年，半导体与集成电路产业营收突破 2500 亿元

17

为加快培育半导体与集成电路战略性新兴产业集群，抢占新一轮产业发展的制高点，增强产业核心竞争力，深圳市发展和改革委员会、深圳市科技创新委员会、深圳市工业和信息化局、深圳市国有资产监督管理委员会发布《深圳市培育发展半导体与集成电路产业集群行动计划（2022—2025 年）》。

发展现状：

半导体与集成电路产业主要包括芯片设计、制造、封装测试，以及相关原材料、生产设备和零部件等。深圳是我国半导体与集成电路产品的集散中心、应用中心和设计中心之一，近年来产业保持快速发展态势，2021年深圳市集成电路产业主营业务收入超过 **1100 亿元**，拥有国家级集成电路设计产业化基地、国家第三代半导体技术创新中心、国家示范性微电子学院等重大创新平台，产业生态不断完善，产业集聚已初具规模。

工作目标：

到 2025 年，建成具有影响力的半导体与集成电路产业集群，产业规模大幅增长，制造、封测等关键环节达到国内领先水平，产业链联动协同进一步加强，自主创新能力进一步提升，在重点产品和技术上形成突出的比较优势，突破一批关键核心技术，形成一批骨干企业和创新平台，打造若干专业集成电路产业园区，支撑和引领深圳市战略性新兴产业高质量发展。

01 产业规模持续增长。到 2025 年，产业营收突破 **2500 亿元**，形成 3 家以上营收超过 **100 亿元**和一批营收超过 **10 亿元**的设计企业，引进和培育 3 家营收超 20 亿元的制造企业，集成电路产业能级明显提升，产业结构更加合理。

02 技术创新优势明显。设计水平整体进入领军阵营，制造能力具备领先竞争力，宽禁带半导体技术能力对关键应用领域形成有力支撑。到 2025 年，设计行业骨干企业研发投入强度超 **10%**，发明专利密集度和质量明显提高，国产 EDA 软件市场占有率进一步提升，实现一批关键技术转化和批量应用，形成完善的人才引进和培养体系，建成 5 个以上公共技术服务平台。

03 产业链条更加完善。建成较大规模生产线，设备、材料、先进封测等上下游环节配套完善，形成从衬底、外延到芯片制造到器件应用完整的宽禁带半导体产业链条。到 2025 年，产业链国产化水平进一步提升，本地产业链配套和协作能力显著增强。

04 园区建设成效显著。到 2025 年，规划建设 **4 个**以上专业集成电路产业园，形成“重点突出、错位协同”的集成电路产业发展空间格局。

扫码查看政策原文

咨询电话：0755-88125842（深圳市发展和改革委员会）

到 2025 年，生物医药产业营收达到 1000 亿元

⑱

为培育发展生物医药产业集群，深圳市发展和改革委员会、深圳市科技创新委员会、深圳市工业和信息化局、深圳市市场监督管理局、深圳市卫生健康委员会发布《深圳市培育发展生物医药产业集群行动计划（2022—2025 年）》。

发展现状：

生物医药产业主要包括生物药、化学药、中药及天然药物、细胞和基因产品等领域。2021 年，深圳市生物医药产业营业收入为 **461 亿元**，已获批上市 I 类新药 **7 个**，进入临床试验阶段的创新药 **84 个**，通过仿制药一致性评价品种 **94 个**，“仿创结合”的发展态势逐渐形成。产业发展集聚效应凸显，深圳南山高新区、坪山国家生物产业基地两大产业集聚区已初步形成，广东省小分子新药创新中心等一批创新载体快速发展。

工作目标：

01 产业集聚效应显著增强。到 2025 年，生物医药产业增加值达到 **400 亿元**，营业收入达到 **1000 亿元**，建成若干特色鲜明、协同发展的专业生物医药产业园区，产业集聚发展水平显著提升。

02 产业结构不断优化完善。引入具有世界影响力的 **8—10 家**企业来深设立总部、研发中心和高附加值生产基地，生物医药境内外上市企业达到 **40 家**，营收超百亿元的企业 **5 家**，超十亿元的企业 **15 家**，超亿元的企业 **25 家**。

03 科技创新能力大幅提升。规模以上企业研发投入强度达到 **10%**，建成各级各类创新载体 **200 个**、重大科技基础设施 **5 个**，建成模式实验动物研究、医药 CRO/CDMO/CMO、生物制品检验检测、中药及天然产物国际化等重大平台，获得国产 I 类新药上市批件 **15 个**，进入临床试验阶段的药物 **400 个**。

04 体制机制改革实现突破。争取国家药品监督管理局药品审评检查大湾区分中心获得更多药品审评职能。推进在指定医疗机构使用境外已批准上市但国内尚未注册的临床急需新药政策落地进程，积极争取境内外新药同步上市、专业资格评审互认等政策先行先试。

扫码查看政策原文

咨询电话：0755-88125842（深圳市发展和改革委员会）

到 2025 年，安全节能环保产业增加值突破 600 亿元

19

安全节能环保产业是为安全生产、防灾减灾、应急救援、能源资源节约利用、循环经济发展、生态环境保护提供物质基础和技术保障的产业。为统筹发展和安全，推动循环经济发展，培育安全节能环保产业集群，深圳市工业和信息化局、深圳市发展和改革委、深圳市科技创新委员会、深圳市生态环境局、深圳市应急管理局等制定《深圳市培育发展安全节能环保产业集群行动计划（2022—2025 年）》。

发展现状：

2021 年深圳安全节能环保产业增加值达 **425 亿元**。安全应急产业发展迅速，在安全风险防控与应急技术装备、智能安全应急产品、安全应急服务等领域均有布局。城市安全风险评估、事故灾害模拟仿真等技术服务领域已达到全国领先水平。节能环保产业优势明显，在高效节能、先进环保和资源循环利用的部分细分领域处于全国领跑地位。

工作目标：

01 壮大规模实力。2025 年，安全节能环保产业增加值突破 **600 亿元**，培育一批具有国内、国际竞争优势的骨干企业和知名品牌。

02 加速产业集聚。规划建设 **2 个**以上产业集聚区，形成以技术研发、总部基地为核心和以装备制造、资源综合利用为特色的产业聚集带。

03 打造创新高地。新建 **60 个**以上国家级、省市级工程实验室、重点实验室、工程（技术）研究中心和企业技术中心，建设一批产学研用有机结合的科技协同创新平台，有效发明专利突破 **1 万件**，掌握一批具有自主知识产权的核心关键技术。

04 扩大国际影响。部分领域产品技术达到国际领先水平，国际知名品牌建设成果显著，安全应急、节能电气、水污染治理、固废处置利用等技术装备出口“一带一路”沿线市场，参与制修订国际安全应急、节能环保标准。

扫码查看政策原文

咨询电话：0755-88102553（深圳市工业和信息化局）

20

到 2025 年，精密仪器设备产业增加值达到 200 亿元

为加快发展壮大精密仪器设备产业集群，深圳市工业和信息化局、深圳市发展和改革委员会、深圳市科技创新委员会制定《深圳市培育发展精密仪器设备产业集群行动计划（2022—2025 年）》。

发展现状：

深圳精密仪器设备产业具有一定的生产规模和产品竞争力，数字多用表、电子测量仪器、电能表等细分领域集聚了一批重点企业，高速高精点位操作技术、厘米级型谱化移动测量装备等关键技术研究成果获得国家科技奖，建成深圳市大型科学仪器共享平台等一批公共服务平台和创新载体。2021 年深圳市精密仪器设备产业增加值为 **128 亿元**。

工作目标：

01 产业规模持续增长。到 2025 年，深圳市精密仪器设备产业增加值达到 **200 亿元**，其中工业自动化测控仪器增加值达到百亿元级规模，信息计测与电测仪器、科学测试分析仪器及各类专用检测与测量仪器实现快速增长。

02 创新能力大幅提升。培育形成一批具有自主知识产权和品牌影响力的高端精密仪器设备产品，核心技术和关键零部件对外依存度显著降低，建设制造业创新中心、企业技术中心等各类创新载体 **10 家**以上。

03 产业结构不断优化。健全精密仪器设备检测、认证和计量服务体系，建成一批公共服务平台，形成体系完整、优势明显的产业生态。培育 **3—5家**细分领域骨干企业，新增 **10家**制造业“单项冠军”、专精特新“小巨人”、独角兽企业。

04 质量品牌显著提升。电工仪器仪表、供应用仪器仪表、导航系统仪器等领域实现国际领先，示波器、频谱分析仪等中高端产品市场占有率显著提高，主导或参与制定一批国际、国家标准，企业品牌国际影响力大幅提升。

扫码查看
政策原文

更多政策资讯
详见市工业和信息化局官网

咨询电话：0755-88102553
（深圳市工业和信息化局）

构建面向未来的现代产业体系

21

为持续发挥全过程创新生态链优势，培育发展未来产业、增强发展动能，推动构建面向未来的现代产业体系，深圳市科技创新委员会、深圳市发展和改革委员会、深圳市工业和信息化局发布《深圳市培育发展未来产业行动计划（2022—2025 年）》。

发展现状：

未来产业是引领经济社会发展的变革性力量，具有显著“先发优势”。深圳产业发展已具备较好基础，产业链相对完备，合成生物、区块链、细胞与基因、空天技术等四个未来产业处于扩张期，已初具规模，**5—10 年**内有望实现倍数级增长；脑科学与类脑智能、深地深海、可见光通信与光计算、量子信息等四个未来产业处于孕育期，规模较小，**10—15 年**内有望成为战略性新兴产业中坚力量。

工作目标：

到 2025 年，紧盯世界产业发展前沿，围绕未来产业发展周期，构建未来技术应用场景，打好产业基础高级化和产业链现代化攻坚战，不断增强与战略性新兴产业的相互衔接、相互融合，培育若干个战略性新兴产业集群，构建相互促进、协同发展的产业生态。

01 产业梯次接续发展。合成生物、区块链、细胞与基因、空天技术等产业出现爆发性增长；脑科学与类脑智能、深地深海、可见光通信与光计算、量子信息等产业形成技术研发优势。梯次成长、接续发展的产业发展格局基本形成。

02 产业竞争不断增强。产业整体规模不断扩大，培育一批“专精特新”企业，取得若干个突破性科研成果，拓展若干个未来技术应用场景和迭代示范工程，新增若干个战略性新兴产业集群。

03 产业空间持续优化。以光明科学城、河套深港科技创新合作区、前海深港现代服务业合作区、西丽湖国际科教城、东部滨海国际生物谷、红岭新兴金融产业带、深圳国家高新区为核心承载区，布局公共技术服务平台、技术创新中心、制造业创新中心，聚集一批科技型企业。

04 产业生态不断完善。结合产业发展需要，建设一批重大科技基础设施和科研机构，构建小试中试平台、孵化器、加速器、产业园区的全链条产业服务体系，形成基础研究、技术创新、应用拓展、产业集聚、人才汇聚、金融支撑的产业生态。

扫码查看政策原文

咨询电话：0755-88127569（行政服务大厅）

资金篇

构建“资金 + 创新”生态体系

创投行业是促进科技创新、培育新兴产业的“助推器”。近年来，深圳通过出台全国首个地方性创投条例，成立千亿元级政府引导基金及天使母基金、人才创新创业基金等一系列资本投融资机制，构建起“以企业为主体、市场为导向、产学研资深度融合”的科技金融生态体系，助力深圳打造国际风投创投中心。

深圳设立 100 亿元天使母基金和 100 亿元人才创新创业基金。天使母基金成立于 2018 年，是深圳市人民政府投资发起设立的战略性、政策性基金，是国内规模最大的天使投资类政府引导基金，以“风险劣后”机制激发社会资本投早、投小、投硬科技，成立 3 年多就投出潜在独角兽企业 32 家。人才创新创业基金成立于 2017 年，设立一号、二号、三号股权投资基金，促进人才创业项目实现裂变式、几何级增长。其中规模最大的人才一号基金（总规模 60 亿元）成立 3 年多就投资了 29 个项目，所投资的项目 70% 以上是硬科技类，微芯生物、普门科技、杰普特已实现上市。

深圳私募基金行业起步早、活力强，机构数量、产品数量及管理规模在全国处于领先地位，截至 2021 年年底，深圳私募基金总额达到 2.27 万亿元。深圳私募机构投向本地企业超过 4300 多家，累计投向中小企业近 4000 亿元、高新技术企业近 3000 亿元。深圳 950 余只并购基金，为实体经济形成股权资本金约 4000 亿元，推动 500 余家企业在境内上市。

扫码查看
深圳天使母
基金官网

扫码查看
“深圳金融”
微信公众号

支持风投创投机构在深发展 01

为撬动更多社会资本持续加大对深圳市关键领域的投资力度，打造具有全球影响力的国际风投创投中心和创新资本形成中心，深圳市地方金融监督管理局印发出台《关于促进深圳风投创投持续高质量发展的若干措施》，明确鼓励风投创投机构在深落户、扶持重点风投创投机构发展，引导风投创投投早投小投科技，激发天使投资活力及空间、人才等方面的奖励标准和奖励措施。

主要政策权益和适用条件：

对新设立的创业投资企业单笔最高奖励 **2000 万元**。按其自设立之日起 3 年内，实际投资深圳区域非上市企业的累计每满人民币 4 亿元（或等值外币）的，给予其管理企业奖励人民币 500 万元，单笔奖励最高金额不超过人民币 2000 万元。

对新设立的私募证券投资基金管理企业最高奖励 **500 万元**。实际管理规模达人民币 100 亿元（或等值外币）的私募证券投资基金管理企业，给予奖励人民币 300 万元；实际管理规模达人民币 200 亿元（或等值外币）的私募证券投资基金管理企业，给予奖励人民币 500 万元。

对头部机构依照退出贡献最高奖励 **2000 万元**。对上一完整会计年度营业收入（含投资收益）达到人民币 2 亿元以上且同比增长 10% 以上，或利润总额达到人民币 2 亿元以上的股权投资、创业投资企业及股权投资、创业投资管理企业，按其上一年度项目退出时产生投资收益的 5% 对其管理企业给予奖励，每家管理企业奖励最高金额不超过人民币 2000 万元。

投早投小投科技的创投机构“以奖代补”最高奖励 **500 万元**。对投资本市种子期、初创期科技创新企业 2 年以上的，按实际投资额的 10% 对其管理企业给予奖励，每投资 1 家企业最高奖励人民币 100 万元，累计奖励不超过人民币 500 万元。

优化空间保障和人才奖励。符合条件的企业购买自用办公用房，按购房价格的 1.5% 给予补贴，最高补贴金额不超过人民币 500 万元；符合申报条件的创业投资管理企业和创业投资企业，可根据当年度深圳市产业发展与创新人才奖申报指南申报创新人才奖。

办理流程：

申请—受理—审查—公示—资金下达

办理途径：

登录“广东政务服务网”，选择“深圳市地方金融监督管理局”，注册、填报有关信息，按照《资助项目申报操作指引》递交申请材料扫描件，经审核通过后，将纸质资料递交至市民中心行政服务大厅。

咨询电话：0755-88120716
（深圳市地方金融监督管理局）

扫码查看
政策原文

扫码查看资助项目
申报操作指引

扫码查看
广东政务服务网

有序开展 QFLP 试点工作 02

外商投资股权投资企业试点（QFLP），是指由外国企业或个人参与投资设立的，以非公开方式向境外投资者募集资金，投资于国内非公开交易的企业股权的企业。

继 2011 年上海率先启动 QFLP 试点后，深圳市先后于 2012 年及 2017 年发布《关于本市开展外商投资股权投资企业试点工作的暂行办法》《深圳市外商投资股权投资企业试点办法》等文件，正式启动 QFLP 试点工作。截至 2021 年年底，深圳市共吸引外资企业设立 QFLP 管理企业 171 家，发起 QFLP 基金 53 家，基金规模 75.5 亿美元，吸引了一批具有国际影响力的股权投资机构来深集聚。

为进一步推动本市金融业新一轮高水平对外开放和扩大利用外资规模、提升利用外资质量，促进和引导本市外商投资股权投资企业规范有序发展，深圳市地方金融监管局修改完善形成《深圳市外商投资股权投资企业试点办法》。

试点运作范围：

外商投资股权投资企业可依法在境内开展以下业务：

01 投资非上市公司股权；

02 投资上市公司非公开发行和交易的普通股，包括定向发行新股、大宗交易、协议转让等；

03 可作为上市公司原股东参与配股；

04 为所投资企业提供管理咨询；

05 中国证券监督管理委员会或基金业协会允许的其他业务。

申请途径：

按照《私募投资基金监督管理暂行办法》和《私募投资基金管理人登记和基金备案办法（试行）》等有关规定，在基金业协会办理私募基金管理人登记和私募基金备案手续。市地方金融监督管理局会同有关部门和单位对试点企业办理私募基金管理人登记和私募基金备案情况进行定期公示。

咨询电话：0755-88120716
（深圳市地方金融监督管理局）

扫码查看
《深圳市外商投资股权投资企业试点办法》政策解读专题

推动供应链金融服务实体经济 03

发展供应链金融是推进供给侧结构性改革、增强金融服务实体经济能力的重要抓手。除了有一大批积极开展供应链金融的金融机构以外，深圳还拥有全国 80% 以上供应链管理服务企业的总部，以及数量众多、类型丰富的供应链实体企业。

为稳妥推进深圳市供应链金融改革和创新，有效防范供应链金融风险，深圳市金融办起草形成了《关于促进深圳市供应链金融发展的意见》，为解决中小企业融资难及实体经济贷款难扎扎实实作出贡献。

主要政策内容：

对入驻深圳市供应链金融示范区或产业园的金融机构、制造业核心企业及供应链金融配套服务机构，根据其综合贡献，各区（新区）可给予政策支持。

鼓励金融机构依托供应链核心企业，通过融资推荐、交易信息共享、确认款项收付（或确认债权债务关系）、协助存货变现、强化供应链管理等方式，共同开发个性化、特色化供应链金融产品和服务。

对于供应链金融配套服务机构，根据其业务规模、客户流量、税收贡献及产业联动效应等综合情况，由各区（新区）结合实际，予以政策扶持。

利用政府融资担保基金、中小微企业贷款风险补偿机制等信贷风险分担机制，支持金融机构加大对制造业核心企业上下游中小微企业的信贷投放力度。

支持在真实贸易和资产穿透前提下，通过同业拆借、转贴现、租赁保理、Pre-ABS、资管计划、私募基金等方式拓宽供应链金融资金来源。

咨询电话：0755-88120716
（深圳市地方金融监督管理局）

扫码关注
深圳市供应链金融协会

扫码查看
政策原文

加强金融人才队伍建设 04

为保持强化深圳金融业的国际地位，2020 年深圳市政府出台《深圳市支持金融人才发展的实施办法》，加快建设一支高素质、创新型、国际化的专业金融人才队伍，充分发挥金融人才在金融改革发展中的智力支撑作用。

截至 2022 年 12 月底，深圳市地方金融监督管理局已连续举办 3 届金融领军人才培训班，举办 1 届金融骨干人才培训班，两个培训班覆盖金融人才 880 人；为金融青年人才提供 14 期金融大讲堂活动，吸引超 150 万人次在线观看及学习；连续 3 年累计发放 753 万元金融从业人员提升职业素质项目补贴。

部分政策权益和适用条件：

01 实施百千万金融人才培养工程。

- **领军人才提升计划**。由金融机构、驻深金融监管机构和市区政府相关部门推荐，每年遴选 100 名有发展潜力的高端金融人才，向其提供高端金融人才研修项目，按照每年最高 5 万元 / 人的标准给予培养经费资助。
- **骨干人才培养计划**。由金融机构、驻深金融监管机构和市区政府相关部门推荐，每年遴选 1000 名有发展后劲的骨干金融人才培养对象，为其提供专题进修资源，按照每年最高 1 万元 / 人的标准给予培养经费资助。
- **青年人才支持计划**。开办鹏城金融大讲堂，每年为 10000 名青年金融人才提供“微课”、专题讲座、公开课等线上、线下相结合的培训资源。

02 提供金融人才实习补贴。

- 实施大学生实习补助项目，对连续实习 6 周以上的，按照本科生 2000 元 / 人、硕士研究生 3000 元 / 人、博士研究生 5000 元 / 人的标准，给予一次性实习补贴。

03 鼓励金融从业人员提升职业素质。

- 鼓励金融从业人员积极参加特许金融分析师（CFA）、金融风险管理师（FRM）、北美精算师（ASA）、中国精算师（FCAA）、英国特许注册会计师（ACCA）资格认证考试，对 2017 年 1 月 1 日后取得上述执业资格证书且在深圳市金融系统全职工作满 2 年的，每个执业资格证书给予 1 万元奖励补贴，每人最高不超过 5 万元。

办理途径：

深圳市地方金融监督管理局适时在其官网发布相关项目申报指南，集中开展项目申报受理工作。申报条件、申报材料、申报途径等要求按照申报指南列明内容执行。

咨询电话：0755-88120714
（深圳市地方金融监督管理局）

扫码查看
政策原文

更多政策资讯
详见市金融监管局官网

深圳金服平台让中小微企业融资更快捷

深圳市创业创新金融服务平台（简称深圳金服平台）搭建于2016年年底，2017年8月正式上线运营。该平台立足从供给侧引导金融资源支持实体经济发展，为企业提供债权和股权融资对接、征信查询、信用评级、融资担保、行业咨询、投融资政策支撑等“一站式”服务，助力化解企业“融资难”“融资贵”“融资繁”。

深圳金服平台主要是实现“四个整合”：1. 数据信息整合。全面整合工商、税务、社保、水电气等涉企数据和政府奖励、补贴、处罚等信息，从企业运营能力、偿还能力、创新成长能力等多维度建立评级体系和风险画像。2. 金融资源整合。整合集聚银行、证券、保险以及融资担保、天使投资、创业投资、资信评估等各类主体，为不同成长阶段的企业提供多元融资服务。3. 惠企政策整合。配套实施信用贷款风险补偿、融资担保基金、小额贷款保证保险等多种惠企政策，鼓励“政银保担企”多方联动。4. 涉企服务整合。依托平台智能匹配功能，分类简化申报资料和审核流程，努力通过“一站式”服务便利中小微企业融资。

截至2022年12月底，深圳金服平台注册金融机构**170家**，覆盖全市商业银行，上线金融产品**324个**；服务企业数**24.16万家**，处理企业诉求**37万条**，为中小微企业实现融资放款1.75万亿元（其中纯线上放款4218.41亿元），企业综合满意度高达**96%**以上。

2020—2022年疫情防控期间，深圳金服平台联动市、区、街道上线**800多场**线上直播活动，惠及**26.5万家**深圳企业。同时深圳金服平台还联合相关部门、机构设立了“金融战疫专区”“金融方舟”“人行稳企业保就业专区”“百行进万企”“订单融资专区”“盐田首贷专区”“大湾区政策专区”“诉求直达专区”“金融驿站专区”**九大特色合作专区**。

深圳金服平台
微信公众号

深圳金服平台
网站

人才篇

“深爱人才”打造天下人才归心之城

近年来，深圳紧紧围绕经济社会发展需求，先后出台了一系列人才政策法规，矢志营造优质人才环境，构建具有国际竞争力的制度优势。通过人才政策迭代升级，以城市礼遇看成就、岗位评聘论水平、政策待遇看贡献的理念，推动从“政策引才”向“环境、文化聚才”转变，真心实意吸引人才纷至沓来。

深圳，努力建成天下英才向往之地和筑梦之城。

留在深圳工作的博士后 可获 30 万元 科研资助 01

为进一步加强博士后进出站管理，持续推进“放管服”改革，深圳市人力资源和社会保障局印发《关于简化博士后进出站相关业务事项的通知》，简化了博士后进出退站、备案、考核等程序，并对博士后进行奖励。

在深圳，博士后站点分为博士后科研流动站、博士后科研工作站（分站）、市博士后创新实践基地、依托校本部招收单位等4类。其中包括: 深圳大学、南方科技大学、香港中文（深圳）等高校；中科院深圳先进院、鹏城实验室、深圳湾实验室等高端科研院所；华为、中兴通讯、腾讯等世界500强企业；商汤、华大基因等新兴科技企业；深圳市人民医院、第二人民医院等高水平建设医院。

截至2022年3月底，我市设站单位536家，在站博士后5227人，在副省级城市中处于前列。

主要适用条件：

已取得博士学位、品学兼优、身体健康、年龄在 **35周岁** 以下的人员，可以申请从事博士后研究工作。博士后人员工作期满，由设站单位按照全国博士后管理部门或单位所在省、自治区、直辖市人力资源保障部门有关规定为其办理出站手续。

政策权益：

流动站在站博士后生活补贴标准在省财政给予每人每年 **15 万元**基础上，给予每人每年 **6 万元**配套资助；工作站、创新基地及其他单位，在站博士后生活补贴标准为每人每年 **18 万元**。在站博士后生活补助的资助期限不超过 **2 年**。

博士后出站选择留（来）本市从事科研工作，且与本市企事业单位签订 **3 年**以上劳动（聘用）合同的出站博士后人员，给予 **30 万元**科研资助。

办理途径：

申请人登录“广东政务服务网”，搜索“申请出站博士后科研资助”，填写、提交材料。

扫码登录
广东政务服务网

咨询电话：0755-12333（深圳市人力资源和社会保障局）

新引进博士 可拿到 10 万元 生活补贴 02

深圳市人力资源和社会保障局、深圳市财政局印发《深圳市新引进博士人才生活补贴工作实施办法》，对 2021 年 9 月 1 日起新引进入户并在深圳全职工作的 35 岁以下博士给予生活补贴，符合条件的港澳台和外籍博士首次在深就业的可同等享受补贴。

主要适用条件：

01 取得深圳户籍（海外人才除外）。

02 具有博士研究生学历。

03 首发申请时在深圳全职工作，在引进后通过本市工作单位缴纳社会保险累计 3 个月以上。

04 续发申请时仍具有深圳户籍、在深圳全职工作且自首发申请之日起通过本市工作单位连续缴纳社会保险满 12 个月。

政策权益：

新引进博士人才生活补贴标准为 **100000 元 / 人**；分两次审核，首发金额 **30%**，续发金额 **70%**。

办理途径：

线上办理：申请人登录“广东政务服务网”，搜索“深圳市新引进博士人才生活补贴”，点击“在线办理”。

线下办理：市行政服务大厅人才园服务大厅。

扫码登录
深圳人才园

扫码登录
广东政务服务网线上办理

扫码阅读
政策原文

咨询电话：0755-12333（深圳市人力资源和社会保障局）

境外高端和紧缺人才在广东可享 15% 税负差额补贴

03

为更好发挥财政政策对粤港澳大湾区建设的支持作用，吸引境外（含港澳台）高端人才和紧缺人才来大湾区工作，2019 年 3 月 15 日，财政部、税务总局制定出台了《关于粤港澳大湾区个人所得税优惠政策的通知》，规定对在大湾区工作的境外（含港澳台）高端人才和紧缺人才，按内地与香港个人所得税税负差额给予补贴，并对补贴免征个人所得税。

主要适用条件：

申报人属于科技创新、重点发展产业和哲学社会科学领域，且符合深圳市境外高端人才和紧缺人才目录要求的人才。

政策权益：

按内地与香港个人所得税税负差额给予补贴，该补贴免征个人所得税。

若在纳税年度内，申报人已纳税额减去测算税额，即为申报人可申请当年度个人所得税补贴。

测算税额的方式：标准税率法测算税额＝申报人应纳税所得额 ×15%；累进税率法测算税额为申报人以原始收入，按照香港税法计算的应纳税额。

办理流程：

个人申请—单位审核—窗口受理—资质审核—补贴核算—异议处理—补贴发放。

办理途径：

根据政策规定，采取全流程网上办理，无需到窗口提交纸质材料，详情登录“广东政府服务网”搜索“深圳市境外高端人才和紧缺人才个人所得税财政补贴”，根据人才类型、所在区进行线上办理。

扫码登录
广东政务服务网

扫码阅读
《关于粤港澳大湾区个人所得税优惠政策的通知》

为外籍“高精尖缺”人才 提供停居留便利

04

为了便利外籍“高精尖缺”人才申请人才签证（“R 字签证”），为其提供停居留便利，深圳市科技创新委员会印发《深圳市外籍“高精尖缺”人才认定标准》。

主要适用条件：

符合下列条件之一的外籍人员可以认定为“深圳市外籍‘高精尖缺’人才”：

01 入选国内人才引进计划的

02 符合国际公认的专业成就认定标准的

03 符合市场导向的鼓励类岗位需求的

04 属于创新创业人才的

05 属于优秀青年人才的

06 计点积分在 85 分以上的

07 经市有关部门推荐的

政策权益：

申请人凭《外国高端人才确认函》向我国驻外使领馆申请人才“R 字签证”。

办理途径：

由深圳邀请单位通过外国人来华工作管理服务系统进行申请，线上提交申请表、邀请函件、符合人才认定标准的相关证明等材料，无需提交纸质件。

对符合条件的，深圳市科技创新委员会于 5 个工作日内在线出具《外国高端人才确认函》，并将信息交换至外交部、我国驻申请人所在国（地区）使领馆或者外交部委托的其他驻外机构。

申请人凭《外国高端人才确认函》向我国驻外使领馆申请人才“R 字签证”。

扫码登录
外国人来华工作管理服务系统

扫码查看
政策原文

咨询电话：0755-88121678（深圳市外国人来华工作许可服务窗口）

基层就业
享受 3000元 补贴

05

根据深圳市人力资源和社会保障局印发的《深圳市就业创业补贴申请办理清单》，深圳为到中小微企业等地就业的高校毕业生提供 3000 元 / 人的基层就业补贴，且一次性发放到账，派遣岗位只要符合要求也能申请。

主要适用条件：

01 高校毕业生到中小微企业、个体工商户、社会组织等就业，或到街道、社区社会管理和公共服务岗位就业，签订一年以上劳动合同或服务协议，就业时属于毕业 **2 年**内高校毕业生。

02 高校毕业生在同一单位连续正常缴纳 **6 个月**以上社会保险费。

03 补贴对象从事劳务派遣工作的，其参保单位和用工单位应同时符合基层就业条件。

政策权益：

按一次性每人 **3000 元**标准给予补贴。

办理途径：

申请人登录“广东政务服务网”，搜索“基层就业补贴”。

扫码登录
广东政务服务网

扫码查看
政策原文

咨询电话：0755-12333（深圳市人力资源和社会保障局）

留学回国人员来深创业 最高可获 100 万元 资助

06

为吸引和扶持留学人员来深创业，加强对深圳市留学人员创业补贴资金和留学人员创业（产业）园的管理，深圳市人力资源和社会保障局制定印发《深圳市留学人员创业补贴资金管理办法》。获得学士以上学位的港澳台青年来深创业的，可以参照留学人员申请本办法规定的创业资助。曾获得中国深圳创新创业大赛国际赛总决赛一、二、三等奖的获奖选手，获奖 5 年内来深创办企业的可申请创业资助，在资格审核合格后免专家评审直接进入考察及后续环节，分别对应获得创业资助一、二、三等资助。

主要适用条件：

申请创业资助主体是留学人员企业，申请单位指定一名留学人员申请。

留学人员企业及指定留学人员申请创业资助应满足下列基本条件：

01 留学人员需在国（境）外学习、工作 **3 年**以上；

02 留学人员持有企业股份折合人民币不少于 **30 万元**；

03 申请单位属我市重点扶持和发展的产业，根据我市最新产业规划动态调整；

04 申请单位应具有较强的科研创新能力、人才团队资源，相应的办公场地、研发设备等，且经营正常。

政策权益：

创业资助标准分为三个等级：一等资助 **100 万元**，每年资助不超过 10 名；二等资助 **50 万元**，每年资助不超过 15 名；三等资助 **30 万元**，每年资助不超过 30 名。

办理途径：

申请单位登录“广东政务服务网”，搜索“深圳市留学人员创业补贴资格审核”，提交申报信息、上传申报材料。按下列程序进行申请和审批：申请及资格审核—专家评审—实地考察—公示—订立合同—首发申请—验收及续发申请。

扫码查看
政策原文

扫码查看
业务咨询地址及电话

为港澳青年逐梦大湾区 提供更大舞台

07

为全面贯彻落实《粤港澳大湾区发展规划纲要》，支持港澳青年融入粤港澳大湾区发展，深圳市人力资源和社会保障局、深圳市财政局、国家税务总局深圳市税务局、深圳市人民政府港澳事务办公室等四部门联合发布了《深圳市进一步支持港澳青年就业创业实施细则》。在深圳，“逐梦大湾区”的港澳青年越来越多。截至 2023 年 3 月底，前海深港青年梦工场已累计孵化香港创业团队 460 家。

多管齐下打通港澳青年就业通道

《实施细则》梳理了现行政策中覆盖到港澳青年的就业促进政策。符合条件的港澳青年或者用人单位可以申请包括小微企业社保补贴、基层就业补贴、灵活就业社保补贴、就业见习补贴、大湾区青年就业计划生活补助、职业技能培训补贴、求职创业补贴、港澳青年实习补助和个人所得税差额补贴等。

01 基层就业补贴标准为每人 3000 元；

02 大湾区青年就业计划生活补助标准为每人每月不超过 1000 元，补贴期限为最长不超过 18 个月；

03 求职创业补贴标准为每人 3000 元。

多项政策扶持港澳青年创业

《实施细则》梳理了现行政策中覆盖到港澳青年的创业扶持政策。符合条件的港澳青年创业可以申请包括初创企业补贴、社保补贴、场租补贴、创业带动就业补贴、创业孵化补贴、创业培训补贴、创业担保贷款及贴息、市级港澳青年创新创业基地奖补、港澳项目落地配套资助等项目。

01 一次性初创企业补贴标准为每人 10000 元。

02 场租补贴标准每月最高为 1560 元，最长不超过 3 年。

03 创业带动就业补贴标准每人 2000 元到每人 3000 元，总额最高不超过 3 万元。

04 创业孵化补贴为每户每年 3000 元，最长不超过 2 年。

05 创业培训补贴每人 2000 元到每人 10000 元不等。

06 个人创业担保贷款额度最高不超过 60 万元，小微企业贷款额度最高不超过 500 万元。

07 市级港澳青年创新创业基地可享受 50 万元一次性奖补。

08 对入驻市级港澳青年创新创业基地的优秀港澳青年创业团队，符合条件的可按其获得赛事奖励金额给予 100% 落地配套资助，或者每个给予 20 万元的落地配套资助。

实施“大湾区职场导师计划”

《实施细则》支持招募一批港澳籍人士作为职场导师，为港澳青年提供实习、岗位推荐、职业发展指导等服务。对按要求提供服务的职场导师，市、区人力资源部门可发放职场导师补贴。

其中，对已就业学员的职业指导服务，每指导一次补贴 200 元，每个导师对单名学员的职业指导补贴累计不超过 1000 元；对未就业学员的实习指导服务，补贴标准为 100 元 / 天，每个导师对单名学员的实习指导补贴累计不超过 2000 元；对未就业学员的求职推荐服务，符合条件可按 1000 元 / 人的标准给予补贴，或按 4000 元 / 人的标准追加补贴。对接受人力资源部门邀请参加公益活动服务，补贴标准为 1000 元 / 次。

扫码查看
政策原文

咨询电话：0755-12333（深圳市人力资源和社会保障局）

享受市政府特殊津贴人员 可获 5 万元 津贴

08

2000 年，深圳结合实际，出台并实施了深圳市政府特殊津贴制度，每两年开展一次选拔工作，对激励在一线工作的专业技术人才和高技能人才，推动深圳市高层次专业人才队伍建设发挥了积极作用，取得了较为显著的效果。

主要适用条件：

01 遵纪守法，有良好的职业道德，模范履行岗位职责。

02 在深圳市企事业单位专业技术和技能岗位工作的在职人员，专业基础扎实，自主创新能力强，学术道德高尚，科研作风严谨，具有科学求实、团结协助精神。

03 具有深圳户籍或持有深圳市居住证、广东省居住证之一的。

04 在深圳全职工作 **2 年**以上。

05 在深工作期间取得下列业绩成果条件之一：

(01) 在自然科学研究领域具有开创性或重大科学价值的研究成果，达到国际、国内领先或先进水平，得到国内外同行专家认可，对学科建设、人才培养、事业发展作出突出贡献，是学科领域的带头人。

(02) 在社会科学领域成绩卓著，对社会发展和学科建设作出突出贡献，取得重大社会效益，是重点学科带头人。

(03) 拥有自主知识产权，有重大发明创造或重大技术革新，获得专利申请保护或者奖励，其专利直接或间接产生较大经济效益的。

(04) 在深圳市重点发展的新兴产业中，有重大创意设计、重大技术改造、升级，研究与开发中有重大发明创造、技术革新或解决关键性的技术难题，取得较大经济效益和社会效益的。

(05) 长期工作在医疗卫生工作第一线，医术高超，治疗疑难、危重病症成绩突出，或者填补省、市空白，在学科建设上有突出贡献，或者在较大范围多次有效预防、控制、消除疾病，社会影响大，业绩为同行所公认的。

06 长期工作在教育、教学、教练执训工作第一线，对学科建设、人才培养、教育教学改革发挥重大作用，具有先进教育理念、扎实学科教学理论和丰富的教育教学经验，在所从事的学科教学和教练执训领域中，能力和水平处于国内领先地位，起到带头和示范作用，并得到同行所公认的。

07 在哲学社会科学、文学艺术、新闻媒体、出版发行、网络文化、文化交流、群众体育、社会工作等其他专业领域工作中，成绩显著，享有盛誉，为我深圳发展先进文化事业、繁荣文化产业、深化文化体制改革、实施文化强市战略作出重大贡献的。

08 长期工作在生产和科技推广第一线，有重大技术突破，推动行业技术进步，或者在技术成果转化为生产力和新技术、新工艺、新方法推广中业绩突出，产生显著经济效益和社会效益的专业技术人才；长期在生产服务岗位第一线，技艺精湛，在技术革新、培养技能人才或在新技术、新工艺、新方法推广等方面作出突出贡献，取得重大经济效益和社会效益的高技能人才。

09 获得过“中华技能大奖”“全国技术能手”“全国劳动模范”“五一劳动奖章”等荣誉称号，或获得过“南粤技术能手”“鹏城工匠”等称号，业绩突出，影响广泛的高技能人才。

10 在其他行业为深圳经济社会发展作出突出贡献的优秀人才。

担任副局级及以上领导职务和享受副局级及以上待遇的专家、学者，或在企事业单位中担任党政领导职务后不再直接从事专业技术工作的人员，以及党、政、军、群机关的工作人员，不参加市政府特殊津贴选拔。

已享受国务院政府特殊津贴的人员不再参加市政府特殊津贴选拔。

政策权益：

每两年遴选不超过 **60 名**享受市政府特殊津贴人员；一次性给予 **5 万元**津贴。

办理途径：

线上：申请人登录“广东政务服务网”，搜索“享受市政府特殊津贴人员选拔”。

线下：市行政服务大厅人才园服务厅。

扫码查看
《关于进一步做好享受市政府特殊津贴人员选拔工作的通知》

扫码登录
广东政务服务网

咨询电话：0755-12333（深圳市人力资源和社会保障局）

多维度扶持培育技能人才 09

深圳大力弘扬工匠精神，厚植工匠文化，营造“尊重劳模、崇尚劳动、培育工匠”的浓厚氛围。注重创新体制机制，畅通发展通道，为技能人才架起“成长阶梯”。

2022 年，全市累计发放各类培训补贴资金 2.72 亿元，惠及劳动者 16.75 万人次。

十九大以来，全市评选“鹏城工匠”58 人，“技能菁英”233 人，2 人荣获“中华技能大奖”，填补了深圳市在该奖项的空白，71 人荣获“全国技术能手”荣誉称号，314 人荣获“广东省技术能手”荣誉称号，大国工匠、能工巧匠的培育工作成效显著。

截至 2022 年底，全市技能人才总量 400.79 万人，高技能人才队伍规模达到 147.03 万人，高技能人才占技能人才的比例提升至 36.69%，为粤港澳大湾区、深圳先行示范区“双区”建设提供了强大的人才支撑。

“鹏城工匠”可获 50 万元奖励

为培养造就一批具有工匠精神和高超技艺、精湛技能的高技能人才，助推深圳经济转型和产业结构优化升级，深圳市人力资源和社会保障局制定了《深圳市鹏城工匠评选办法》。“鹏城工匠”评选对象为: 深圳市战略性新兴产业、未来产业、现代服务业、优势传统产业等领域中，具有工匠精神、技艺精湛的优秀高技能人才。

“鹏城工匠”是深圳授予技能人才的最高荣誉，每年评选不超过 10 人，予以每人 50 万元重奖，彰显了市委、市政府“尊重劳动、崇尚技能”的人才观。“鹏城工匠”每年评选都有大批技能人才申报，通过评选，挖掘了一大批在深圳市生产服务一线岗位的技能人才，形成了深圳特有的技能人才品牌，也为我市技能人才发展树立了榜样和方向。

主要适用条件:

凡在深圳生产服务一线技能技术岗位工作 5 年以上，具有良好职业道德和敬业精神，具备高级技师职业资格或同等技能水平，且近 5 年取得以下业绩之一者可参加“鹏城工匠”评选:

01 获“中华技能大奖”或“全国技术能手”称号。

02 享受“国务院政府特殊津贴”或“深圳市政府特殊津贴”。

03 获“南粤技术能手”“广东省技术能手”“深圳市技能标兵”等称号。

04 获国家、省级科学技术奖，并由此取得重大经济或社会效益。

05 获世界技能大赛前五名或国家一类大赛前三名成绩，或指导选手获世界技能大赛前五名、国家一类大赛前三名。

06 在技术创新、攻克技术难关等方面作出突出贡献，并总结出独特的操作工艺和操作方法，产生重大经济效益和社会效益；或具有一定的绝技绝活，并在积极挖掘和传承传统工艺上作出重大贡献，在深圳市产生重大影响。

政策权益：

“鹏城工匠”获得者由市人力资源保障部门授予“鹏城工匠”荣誉称号并颁发证书，每人奖励 **50 万元**。

办理途径：

申请人登录“广东政务服务网”，搜索“鹏城工匠”，点击“在线办理”。

扫码阅读
政策原文

扫码登录
广东政务服务网

咨询电话：0755-12333（深圳市人力资源和社会保障局）

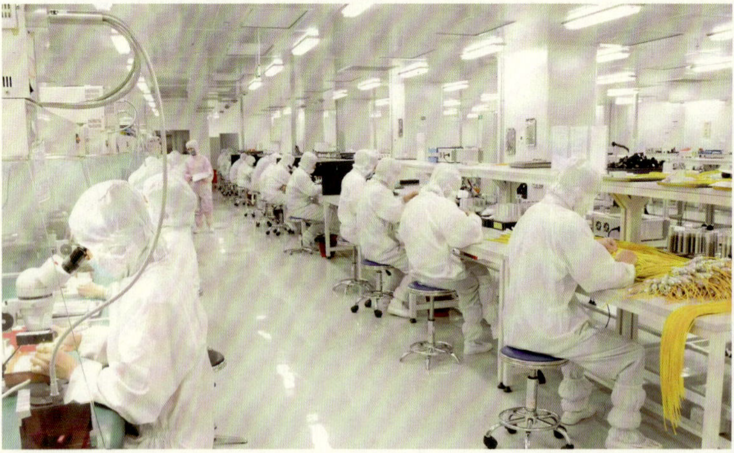

“技能菁英”最高可获 20 万元资助经费

为进一步加强深圳掌握“高精尖”技术工艺的青年高技能人才队伍建设，深圳市人力资源和社会保障局 2018 年重新修订《深圳市技能菁英遴选及资助管理办法》，对“技能菁英”进行项目资助。“技能菁英”是指在深圳市战略性新兴产业、未来产业、现代服务业、优势传统产业等领域，具备国际视野和创造思维，具有持续创新发展能力的青年高技能人才。“技能菁英”每两年遴选一次。

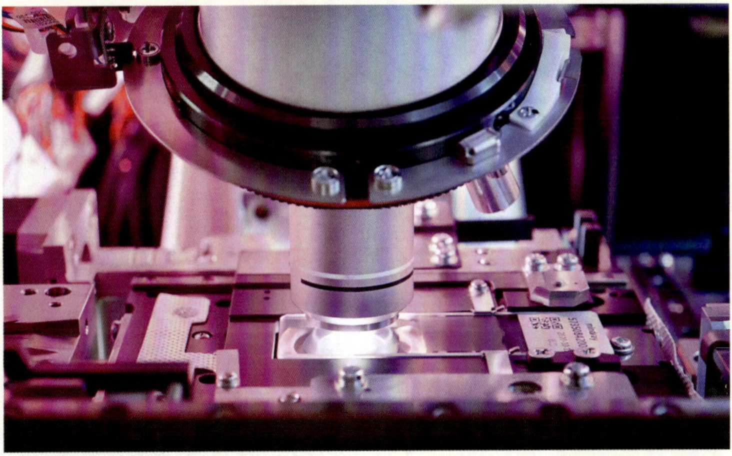

主要适用条件：

在本市生产服务一线技能技术岗位或职业教育专业教学岗位工作 2 年以上，年龄 35 周岁以下，且近 5 年取得以下业绩之一者可参加“技能菁英”遴选：

01 获省级（含）以上人力资源保障部门颁发的技能类荣誉称号。

02 获“深圳工匠之星”“深圳市技能标兵”“深圳市技术能手”等称号之一。

03 入选省级代表团参加世界技能大赛全国选拔赛。

04 获省级以上技能竞赛前五名或市级一类技能竞赛前三名。

05 获市级以上科学技术奖或拥有 1 项以上发明专利，并产生较大经济效益或社会效益。

06 在开展技术革新、技术改造、技术推广活动中作出较大贡献，并产生较大经济效益或社会效益。

政策权益：

“技能菁英”可以在认定后的 **2 年**内申请并完成资助项目，每人可申请资助项目不超过 **5 个**，资助经费总额不超过 **20 万元**。

办理途径：

申请人直接登录网址“https://gxzxpub.sz.gov.cn/EliteWeb/Login.aspx”申报。

扫码阅读政策原文

扫码阅读政策解读

扫码登录申报入口

咨询电话：0755-12333（深圳市人力资源和社会保障局）

新型学徒每年最高可获 8500 元补贴

深圳市人力资源和社会保障局和市财政局共同制定《深圳市推行企业新型学徒制实施办法》，旨在构建“招工即招生、入企即入校、企校双师联合培养”的技能人才培养新模式，加快建设适应现代产业体系发展要求的高素质技能人才队伍，为促进劳动者更高质量就业，实现经济高质量发展提供有力人才支撑。

主要适用条件：

学徒培训对象由企业在本单位年满 18 周岁，与企业签订 1 年以上劳动合同且依法在本市参加社会保险的技能岗位员工（不含劳务派遣员工）中自主确定；但是，不得将具有下列情形之一的员工确定为学徒培训对象：

01 已在本市领取与学徒培训项目同一职业（工种）相同及以上等级的职业技能培训补贴。

02 已在本市参加同一职业（工种）相同及以上等级的学徒培养计划。

03 本市各区人力资源部门已备案且尚在培训期内的学徒。

04 技工院校、职业院校全日制在读学生。

政策权益：

学徒培训补贴标准为：四级（中级工）或者同等职业技能等级培训项目 **5500 元 / 人 / 年**，三级（高级工）或者同等职业技能等级培训项目 **7000 元 / 人 / 年**，二级（技师）或者同等职业技能等级培训项目 **8500 元 / 人 / 年**。

办理途径：

企业根据结业考核合格的学徒人数及其培训技能等级，向区人力资源部门申请学徒培训补贴。

咨询电话：0755-12333（深圳市人力资源和社会保障局）

扫码阅读
政策原文

境外专业人才在深执业更加便利 ⑩

深圳聚力推进实施高度便利化的境外专业人才执业制度，让粤港澳大湾区人才流动更加高效便捷。

2021 年 12 月，多部门联合发布《深圳市境外职业资格便利执业认可清单》，已列入清单的 20 项境外职业资格，相应证书持有人不用参加国内相关专业科目考试，经相关部门或机构备案后，可按规定范围为本市企业提供专业服务。截至 2023 年 3 月底，税务、建筑、规划领域实现免试跨境执业，导游领域实现以培代考，金融和会计领域实现专业考试免考，累计共吸引 668 名境外专业人才来深就业执业。

深圳市境外职业资格便利执业认可清单

序号	境外职业资格证书名称	地区	领域	对应国家职业资格证书名称
1	香港税务师	香港	税务	税务师
2	澳门会计师	澳门	税务	税务师
3	注册建筑师	香港	建筑	注册建筑师、监理工程师
4	注册专业工程师（结构）	香港	建筑	注册结构工程师、监理工程师
5	注册专业工程师（岩土）	香港	建筑	注册土木工程师
6	注册专业工程师（土木）	香港	建筑	注册土木工程师、监理工程师
7	注册专业工程师（土木）	香港	建筑	注册电气工程师
8	注册专业工程师（屋宇设备）	香港	建筑	注册公用设备工程师
9	注册专业测量师（工料测量组）	香港	建筑	造价工程师
10	注册专业测量师（建筑测量组）	香港	建筑	监理工程师
11	注册专业测量师（产业测量组）	香港	建筑	房地产估价师
12	注册承建商的获授权签署人	香港	建筑	建造师
13	注册专业规划师	香港	规划	注册城乡规划师
14	城市规划师	澳门	规划	注册城乡规划师
15	香港医师	香港	医疗	医师
16	澳门医师	澳门	医疗	医师
17	香港导游或领队	香港	文化旅游	导游
18	澳门导游	澳门	文化旅游	导游

序号	境外职业资格证书名称	国家	领域	对应国家职业资格证书名称
19	外国医师	外国	医疗	医师
20	高级船员	外国（与我国签署船员证书互认协议国家）	海事	船员资格

扫码查看《深圳市境外职业资格便利执业认可清单》

咨询电话：0755-12333（深圳市人力资源和社会保障局）

创业帮 深圳给你搭建干事创业舞台

我们身处在一个呼唤创业、追求创新的时代。然而，万事开头难，没有哪个企业一创立就是个“巨无霸”，即使微软、苹果、腾迅、阿里巴巴，也都是从带有个人创业色彩的小企业发展而来。深圳不遗余力地优化创新创业环境，在产业环境、投资环境、法治环境等方面，凝聚起支持人才干事创业的“最大公约数”。深圳到处都是舞台，到处都是机遇，到处都是热火朝天的创业场面。

早在 1987 年，深圳即颁布鼓励科技人员兴办民间企业的暂行规定，吸引大批科技人员前来从事研发工作。也正是在这一年，任正非找朋友借了 2.1 万元，在深圳注册成立了华为技术有限公司，主要做交换机代理业务。时至今日，华为已经成为全球领先的信息与通信技术解决方案供应商。一粒种子，已长成参天大树。

不断壮大的商事主体是体现深圳创新创业活跃度的重要指标。截至 2022 年 9 月底，全市商事主体超过 386 万户，创业密度继续居全国大中城市首位。

“领跑，我不怕跌倒，生命在激情燃烧，梦想和希望在前，泪水伴着自豪，来吧，我们一起创造……”

企业创业项目
最高可获 100万元 资助

为支持深圳创业企业和创业团队参加相关创新创业大赛、鼓励各类机构在深圳组织创客交流活动，营造良好创新创业氛围，深圳科技创新委员会制定《深圳市创业项目管理办法》。

[主要适用条件]

（1）创业资助项目

参赛企业资助项目的申请单位，应当符合以下条件：

1. 在深圳市（含深汕特别合作区，下同）依法注册，具备法人资格的企业，且在参赛时注册时间不满 **5 年**；
2. 参加上年度深创赛并晋级半决赛及以上，或者参加省赛并获奖；
3. 申报项目与参赛项目名称一致，且项目负责人应当是参赛项目负责人或者核心成员；
4. 申请单位为深创赛参赛企业的，上一年度的销售收入应当不超过 **2 亿元**。

参赛团队资助项目的申请单位，应当符合以下条件：

1. 参加上两年度深创赛且晋级半决赛及以上，或者参加市赛并获奖；
2. 在深圳市依法注册企业，企业注册时间应当在当年比赛截止报名日期之后，参赛项目负责人或者至少一名核心成员应当是该企业股东；
3. 申报项目与参赛项目名称一致，且项目负责人应当是参赛项目负责人或者核心成员；
4. 作为企业股东的参赛项目负责人或者核心成员与其他参赛项目人员之间就申请资助达成一致。

（2）创客交流活动项目

创客交流活动项目的申请单位，应当符合以下条件：

1. 在深圳市依法注册、具有法人资格的国家级科技企业孵化器，经国家备案的众创空间的运营单位，或者是经市政府批准的重大创客交流活动组织单位；

2. 创客交流活动具备开放性、公益性特点，参加人数 100 人以上；

3. 活动应当是一年内在深圳举办，且未获得过市级财政相关资助。

政策权益：

单个参赛企业资助项目资助额不超过 **100 万元**；参加省赛获奖且获得省科技计划资助的项目，资助额度不超过省资助额度，且不超过项目承担单位自筹经费的 **50%**。

单个参赛团队资助项目资助额不超过 **50 万元**。

对符合条件的创客交流活动予以事后补助，资助金额不超过经审计的活动经费支出的 **50%**，且不超过 **50 万元**。

办理途径：

申请单位通过深圳市科技业务管理系统在线填报项目申请书。

扫码查看
政策原文

孵化器
最高可获 50 万元 奖励补助

为引导深圳科技企业孵化器、众创空间进一步提升服务质量，创新孵化服务模式，实现高质量、可持续发展，深圳科技创新委员会制定《深圳市科技企业孵化器和众创空间管理办法》（以下简称《办法》）。

该《办法》中的科技企业孵化器，是指以科技型初创企业为主要服务对象，通过提供创业场地，共享设施和专业化服务，降低创业成本，提高创业存活率、促进企业成长的创新创业支撑平台；众创空间是指以科技型创业团队和初创企业为主要服务对象，通过提供工作空间、网络空间、社交空间和资源共享空间，利用“众筹、众扶、众包”等手段，提供成本较低、较为便利、生产要素齐备、开放式运营的创新创业支撑平台。

深圳市科技创新委员会对 2023 年度深圳市科技企业孵化器、众创空间运营评价以及国家级、省级认定（备案）科技企业孵化器、众创空间奖励拟资助项目进行了公示，共包括 77 个项目，拟资助总金额达到 3685 万元。

[主要适用条件]

市级孵化器认定应当符合以下条件：

1. 孵化器运营单位应当是在深圳市或深汕合作区内依法注册、具有法人资格的企事业单位。

2. 孵化器运营时间满 **2 年**，具备明确发展方向、完善的运营管理体系和孵化服务机制。

3. 孵化场地面积不低于 **3000 平方米**，其中在孵企业使用面积（含公共服务面积）占 **75%** 以上；在孵企业不少于 **20 家**且每千平方米平均在孵企业不少于 **3 家**；在孵企业中已申请专利的企业占在孵企业总数比例不低于 **50%** 或拥有有效知识产权的企业占比不低于 **30%**；累计毕业企业达到 **8 家**以上。

4. 拥有提供孵化服务的专业团队，其中专职人员不得少于 **5 人**；具有集成化服务能力，能够提供技术转移、科技金融、创业辅导等创业服务，签约科技服务机构 **6 家**以上，创业导师 **3 名**以上；孵化器自有种子资金或合作的孵化资金规模不低于 **300 万元**人民币，**2 家**以上在孵企业获得投融资。

市级众创空间认定应当符合以下条件：

1. 众创空间运营单位应当是在深圳市或深汕合作区内依法注册、具有法人资格的企事业单位。

2. 众创空间运营时间满 **1 年**，发展方向明确、模式清晰，具备可持续发展能力。

3. 拥有 **500 平方米**的服务场地，或提供不少于 **30 个**创业工位，并具备会议洽谈、项目展示等公共服务场地和设施，提供的创业工位和公共服务场地面积不低于总面积的 **75%**；入驻创业团队、初创企业不少于 **20 个**，入驻时间不少于 **3 个月**，入驻时限一般不超过 **24 个月**；入驻创业团队上一年度新注册为企业的数量不低于 **6 家**，或上一年度有不低于 **2 家**获得融资。

4. 拥有提供创新创业服务的专业团队，其中专职人员不少于 **3 人**；具有集成化服务能力，能够提供技术咨询、创业辅导等各类创业服务，签约科技服务机构 **6 家**以上，创业导师 **3 名**以上；每年开展的创业沙龙、路演、创业大赛、创业教育培训等活动不少于 **6 场次**。

政策权益：

市科技行政主管部门分别对当次评价结果为优秀的孵化器、众创空间给予 **50 万元**、**30 万元**奖励补助，并且优先推荐申报国家级、省级认定或者备案。

当次评价结果为优秀的单位，每培育一家在孵企业获得国家高新技术企业认定或者省级（含）以上科学技术奖励的，市科技行政主管部门给予 **5 万元**奖励补助。同一孵化器、众创空间累计不超过 **100 万元**。对于同一在孵企业的同一事项不予重复奖励。

办理途径：

根据申请指南要求，在规定时间内，提交申报书及下列申报材料：孵化器、众创空间基本信息、场地产权证或者租赁合同、涉及孵化服务能力和投融资服务情况的相关材料；在孵企业、毕业企业情况的相关材料。

扫码查看
政策原文

科技型中小微企业每年最高 可获贷款贴息贴保100万元

为了促进深圳科技和金融结合，缓解科技型中小微企业融资压力，构建具有活力的科技创新生态体系，深圳市科技创新委员会制定《深圳市科技型中小微企业贷款贴息贴保项目管理办法》（以下简称《办法》），对纳入贷款贴息贴保项目库的科技型中小微企业，给予贷款利息、小额贷款保证保险费用和担保费用资助。

该《办法》以企业诉求为导向，聚焦“贷款难”“贷款贵”，在贴息政策的基础上，增加保险费、担保费补贴政策。在降低企业融资成本的同时，利用专业金融工具，缓解“贷款难”。同时，对首贷项目给予更大的支持力度，鼓励合作银行关注从未获得贷款的小微企业。

[主要适用条件]

申请列入贷款贴息贴保项目库的企业，应当符合以下条件：

① 在本市（含深汕特别合作区）依法注册，具有法人资格的企业；

② 上年度职工总数不超过 **500人**，销售收入不超过 **2亿元**以及资产总额不超过 **2亿元**；

③ 未列入深圳市科研诚信异常名录；

④ 符合以下资质之一：
1. 有效期内的国家高新技术企业。
2. 纳入全国科技型中小企业信息库的企业。
3. 近3年内中国（深圳）创新创业大赛、广东省科技行政主管部门主承办大赛、深圳市科技行政主管部门主承办大赛获奖企业。

政策权益：

市科技行政主管部门根据申报企业所属产业领域、企业性质和规模等因素设定下列贴息贴保资助额度：

01 贷款利息按照实际支付利息的 **50%** 予以资助，其中，对于首次获得贷款的申请企业，按照实际支付利息的 **70%** 予以资助。

02 小额贷款保证保险费用按照实际支付保费的 **50%** 予以资助，单个申请企业每年获得本项资助不超过 **50 万元**。

03 担保费用按照实际支付担保费用的 **50%** 予以资助，单个申请企业每年获得本项资助不超过 **30 万元**。

04 单个申请企业每年获得贴息贴保资助不超过 **100 万元**，在本《办法》有效期内获得贴息贴保总额不超过 **300 万元**。

办理流程：

市科技行政主管部门定期编制和发布贷款贴息贴保项目入库申请指南、贷款贴息贴保申请指南，载明申请条件、申请材料、申请时间、申请程序等内容。

办理途径：

申请企业应当向市科技行政主管部门提交以下材料：

01 登录深圳市科技业务管理系统在线填报申请书。

02 贷款合同。

03 银行放款凭证。

04 贷款银行出具的还款凭证和利息支付凭证。

05 资金使用情况报告。

06 贷款银行出具的贷款结清凭证（无固定格式，内容应当包含贷款开始及结清时间、贷款金额、实际支付利息总额、有无欠息等违约行为，加盖银行章）。

扫码查看
政策原文

更多政策资讯详见
深圳市科技创新委员会官网

此心安处是吾乡

什么是幸福？幸福是一种积极心态，是对生活的愉悦体验，是对身心健康的追求，是对人生的渴望，是幼有善育、学有优教、劳有厚得、病有良医、老有颐养、住有宜居、弱有众扶。

从“1.0 版本”的“幼有所育、学有所教、劳有所得、病有所医、老有所养、住有所居、弱有所扶”发展到深圳的“新民生七有”，每个词虽然都只是一字之变，但无一不体现深圳对发展的改革创新之魄。

民生幸福标杆，是深圳先行示范的五大战略定位之一。深圳把实现“新民生七有”，作为打造民生幸福标杆，率先形成共建共治共享共同富裕的民生发展格局的基础性工程。作为一座移民城市，千千万万怀揣梦想的人汇聚到深圳，在奋斗中实现自己的人生价值，过上幸福美好的生活，深圳也始终致力于为人才当好“后勤部部长”。2022 年 8 月 1 日，深圳正式实施《深圳经济特区社会建设条例》，这是国内首部全面落实民生建设、全面统筹社会治理各领域、全面提升人民群众幸福感的地方性法规。

增强民生福祉，才能让人才引得进、留得住、用得好。因为，此心安处是吾乡。

“双百工程”
兜底民生服务社会工作

完善兜底民生服务体系，强化服务能力，提高服务水平，助力深圳加快打造民生幸福标杆，深圳市推行“兜底民生服务社会工作双百工程”（简称“双百工程”）。

“双百工程”实现从以下五点转变，不断增强人民群众的获得感、幸福感和安全感，营造共建共治共享社会治理格局。

“人找政策” >>> “政策找人”

“单兵作战” >>> “集群作战”

“物质救助” >>> “物质＋服务”

扶弱手段单一 >>> 社会多元参与

社区服务能力不强 >>> 社区服务优化

深圳市公共法律
服务平台介绍

民生微实事
串起幸福的，就是一件件小事

“民生无小事，枝叶总关情”，深圳为增进民生福祉，以群众“点菜”、政府提供服务方式创新性开展了“民生微实事”项目，是深圳市创新民生服务供给方式改善基层治理新模式的一次重大创新。2021 年，深圳累计实施 1.2 万件“民生微实事”，投入财政资金超 13 亿元。

“民生微实事”是社区群众关注度高、受益面广，贴近居民、贴近生活，群众热切希望解决的惠民小项目，含服务类、货物类、工程类三种类型。主要包括便民利民、群众活动、公益风尚、公共设施以及符合“民生微实事”专项经费开支原则的其他项目。由市组织、民政、财政部门为统筹指导责任主体，区、街、社区按职责落实。

在完善问需机制方面，坚持“线上＋线下”“集中＋动态”“区域＋群体”等形式，由社区党委牵头、居委会参与，广泛征集群众“民生微实事”项目需求，组织开展项目评议、公示、确定、实施和验收。在提升项目质量方面，支持各区、街道结合辖区实际，围绕“民生七优”等民生诉求，统筹实施区级示范项目。在优化实施流程方面，进一步优化采购及财务管理、建立市区联动抽检机制、加强项目档案管理等；在规范资金管理方面，明确市财政每年按每个社区 100 万元下达补助资金，各区按 1∶1 予以配套。给予街道、社区一定比例的工作经费保障。发挥财政资金的“杠杆”作用和民生政策的“导向”功能，吸引社会资金、智慧和力量，以“自下而上”“短平快”方式解决社区群众身边的小事、急事、难事，切实提升民生质量、增进民生福祉、夯实基层基础。

幼有善育
多管齐下，陪伴孩子成长

幼有善育，事关每个家庭与城市的未来，深圳以普惠优质为导向，全方位推进幼有善育，科学呵护“最柔软的群体”。2017—2021 年期间，全市国家财政性教育经费累计投入 4298 亿元，年均增长约 23%。其中，幼儿园在园儿童可享受健康成长补贴（1500 元 / 生 / 年）。普惠性民办园每班每年可获奖励性补助不少于 4 万元。

为满足人口快速增长带来的“高需求”，深圳直面土地、规划等难点，以大手笔大魄力，推进学位建设。2020 年，市委、市政府出台印发《关于加快学位建设推进基础教育优质发展的实施意见》，实施百万学位攻坚计划。建设更多、更好的公办学位，让更多孩子有了享受优质教育的机会，也让更多家庭有了盼头。

深圳引导学校强化家校协同，建立随迁子女关爱帮扶机制。很多学校以心理融合、文化融合为切入点，从情感、学习、生活等方面多管齐下，给予随迁子女更多的关心和帮助。

为有效推动“双减”政策落实落细，深圳出台一系列文件，系统设计义务教育阶段各年级各学科 4543 个作业设计样例，研发 7866 个在线教学课程资源包，免费开放 1.4 万节优质课例，率先实现义务教育学校课后服务全覆盖；在全省率先设立校外教育培训监管机构。

学有优教
雏鹰展翅，助困难学生圆梦大学

“雏鹰展翅计划”资助对象为经深圳市民政部门认定的低保家庭、低保边缘家庭和特困供养人员，通过参加全国统一考试就读国内全日制大专以上院校的学生，包含五专生（指应届初中生进入高校学习五年，获大专毕业证书的学子，从第四年开始申请并按第一学年度新生标准资助）、大专生、本科生、硕士生和博士生。

申请人符合申请条件的前提下，一年申请一次，可以连续多年申请直至毕业，一个家庭内如有多个子女符合申请条件都可以申请。申请时间为当年 8 月 1 日至 10 月 30 日。

“雏鹰展翅计划”结合线上、线下两种申请方式。项目推出微信申请平台，申请人可通过“深圳民政”微信订阅号或“深圳市慈善会”微信服务号，找到“救助平台”，点击“雏鹰展翅计划”，按系统提示在线填写申请表格，并下载打印签名按指模后在线提交扫描件或照片。申请人准备好申请材料后，也可以到深圳市慈善会线下申请。

“雏鹰展翅计划”分为助学金计划和奖学金计划，符合条件可同时申请：

助学金计划：是对资助对象给予学费和生活费资助，学费资助标准最高限额 **2 万元 / 人 / 学年**，生活费实行定额资助，按 **3000 元 / 人 / 学年**。

奖学金计划：获得国家级、省市级、院校级奖学金的受助学生，获得 **5000 至 2000 元 / 人**，满足多个条件者，按所获最高标准给予奖励。

为帮助因交不起学费而面临辍学困境的学子，自 2004 年起，“雏鹰展翅计划”对深圳户籍低保、低保边缘等困难家庭考上大学的学子实施精准帮扶。截至 2021 年，项目共计投入约 **2194 万元**资助金，帮助 **7171 人次**低收入家庭学子圆梦大学。

扫码进入
申请渠道

劳有厚得
实现好维护好发展劳动者合法权益

深圳致力于创造更加充分更高质量的就业机会，持续升级就业优先政策，努力让劳动者实现体面劳动、全面发展。

2022 年 1 月 1 日起，深圳调整最低工资标准。深圳市全日制就业劳动者月最低工资标准调整为 2360 元，非全日制就业劳动者小时最低工资标准调整为 22.2 元。截至 2022 年末，深圳全市就业登记人数达 1234.79 万人，其中异地务工人员 977.44 万人，全市城镇新增就业 18.21 万人。

为进一步丰富职业技能培训补贴项目，市人力资源和社会保障局、市财政局共同制定了《深圳市职业技能培训补贴办法》，构建覆盖劳动者终身职业生涯“从无业到有业，从学徒到技师、从线上到线下”的培训补贴机制。“鹏城工匠”是深圳授予技能人才的最高荣誉，当选者为优秀高技能人才中的优秀人员，所以除获得荣誉称号和奖金之外，在政府技能培训类资助项目方面也可以获得优先待遇。

在深圳就业还可以享受完善的社会保险制度，包括基本养老保险、基本医疗保险、失业保险、工伤保险和生育保险五个险种。符合条件的高层次人才、深圳市“鹏城优才卡”持卡人，其配偶和子女可在深圳市范围内享受全市社保服务大厅的“一对一”的客服专员服务。

中国大陆籍
办理渠道

港澳台籍
办理渠道

外籍
办理渠道

从“补短板”到“建高地”
从“病有所医”到“病有良医”

深圳以“三名工程”为抓手，引进了中国医学科学院肿瘤医院、北京大学、中山大学、南方医科大学等国内外知名医学院校、医院或医院管理组织来深合作开办市属医院，截至2021年底，累计引进高层次医学团队304个，共柔性引进1200名以上高层次人才来深或为深工作，为深圳带来一流的医院管理体系、医学人才和医疗技术。在“三名工程”的带动下，深圳看大病的水平快速提升，市民看疑难重症不用再跑北上广。

深圳推动市级医疗中心与基层医疗集团、社康机构等组团运营，以市属医院为主体，组建市级医疗中心，打造学科建设高地；推动区属医疗卫生机构集团化运作，组建基层医疗集团，落实“健康守门人”责任，建立“市级医疗中心＋基层医疗集团”为主体的整合型医疗卫生服务体系。

同时，以“院办院管”的社康管理体制为纽带，形成医院与社康机构融合发展的运营管理体制机制、医疗与预防融合发展的学科发展模式、全科与专科协同发展的分级诊疗方式，做实家庭医生签约服务，构建国际一流的整合型优质医疗服务体系，使基层医疗集团成为履行政府“保基本、促健康”职能的服务共同体、责任共同体、利益共同体、管理共同体。

深圳加大投入力度，通过实施药品集团采购、“4+7”药品集采等方式，让市民看病负担进一步减轻，部分药品的费用降低了七成以上。

到2025年，深圳将建成优质高效医疗卫生服务体系、一流健康城市和国际化医疗中心城市，成为公共卫生最安全的城市之一，“大病不出深圳”成效进一步巩固提升，医学教育创新发展能力、医学科技创新和产业协同发展水平显著增强。

老有颐养
紧跟衣食住行，陪你优雅老去

深圳这座年轻的城市里，同样生活着以百万计的老年人，他们或是正在老去的来深建设者，或者子女在深工作。为打造“老有颐养”民生幸福标杆，深圳不断推出、修改并完善各项养老补贴政策，大力推进养老服务事业高质量发展，创新养老服务模式，提高养老服务质量。

居家养老服务补贴

对具有深圳户籍老人群体中的失能老人、特殊群体老人，政府实行社区居家养老服务补助。

1. 60 岁以上享受低保且生活不能自理（介护）的老人，按人均 **500 元 / 月**的标准给予补助。
2. 60 岁以上非低保对象但生活不能自理（介护）的老人，按人均 **300 元 / 月**的标准给予补助。
3. 60 岁以上“三无”老人、低保老人、重点优抚老人，按人均 **300 元 / 月**的标准给予补助。

办理入口

高龄老人津贴

年满 70 周岁及以上的本市户籍老年人可以申请高龄老人津贴。

1. 70 至 79 周岁每人每月 **200 元**。
2. 80 至 89 周岁每人每月 **300 元**。
3. 90 至 99 周岁每人每月 **500 元**。
4. 100 周岁以上每人每月 **1000 元**。

办理入口

四级养老服务网络“居家养老 15 分钟生活圈”

作为全国养老服务业综合改革试点城市，深圳大力织密养老服务网络。截至 2022 年 10 月，深圳全市已建成 75 家养老机构、26 家街道长者服务中心、11 个国家智慧健康养老应用试点示范街道、161 家社区养老服务机构。目前，深圳正在重点打造街道、社区、小区、家庭“四级养老服务网络”。到 2025 年年底，深圳每个街道至少建设一家长者服务中心，每个老龄化社区至少建设一家社区长者服务站，在住宅小区（片区）设立长者服务点，让老年人享受“居家养老 15 分钟生活圈”的优质服务。

长者饭堂

2019 年 3 月，深圳市民政局全面推动实施长者助餐政策，让深圳的老人足不出社区，就能享受到生活的便利，且 **60 周岁**以上特困、低保等困难老人午餐可以享受 **15 元**补贴，**70 周岁**以上本区户籍老人可享受 **5 元**用餐补贴。截至 2022 年 10 月，全市已建成 **400 家**长者饭堂和助餐点，实现了社区长者助餐服务全覆盖。

扫码查看就餐点

智慧养老颐年卡

智慧养老颐年卡是具有深圳特色的“都市养老”新模式。它整合市内所有涉老服务载体，实现养老服务全领域应用，集身份识别、敬老优待乘车、政策性津贴领取等养老服务一卡通用。老人带着它，可以免费乘坐公交地铁、免费进入市内各公园、快速就医……截至 2022 年 10 月，颐年卡已惠及全市逾 **80 万**长者，覆盖 **85%** 的在深常住老年人。

申请入口

适老化改造

深圳市民政局自 2020 年起实施“0580”老年人家庭适老化改造试点项目。该项目以科技手段守护长者的安全，符合条件的老年人家庭可申请最高额度 **1 万元**的适老化改造补助，截至 2022 年 10 月，已累计资助 **2000 余户**老年人家庭，还为 **5731 名**失能、特困、高龄独居等特殊老年人配备智慧居家养老设备，主要提供健康监测、紧急救助、走失定位等多项服务。

更多政策资讯
详见市民政局官网

弱有众扶
全力提升社会救助水平

为完善主动发现、强化困难群众基本生活保障、发挥临时救助救急解难作用、优化救助服务、强化保障和监督等兜底保障措施，持续增强民生兜底保障力度，深圳市相继出台了《深圳市低收入居民社会救助暂行办法》《深圳市最低生活保障办法》《深圳市残疾人特殊困难救助办法》《深圳市特困人员供养实施办法》等一系列措施，全力提升社会救助水平。

加大救助力度，确保“兜住底”

深圳市以提高困难群众基本生活保障水平为着力点，对在册的低收入居民、特困人员发放最低生活保障金、生活扶助金和增发一次性生活补贴，并统筹运用发放实物和提供服务等多种方式进行社会救助。同时，每季度抽查救助资金发放情况，统筹用好中央财政困难群众救助补助资金、地方财政安排资金，确保救助补助资金及时足额按月发放到困难群众手中，织密社会保障安全网。

低收入居民是指家庭人均月收入低于认定标准的户籍居民，包括家庭人均月收入低于最低生活保障标准的低保人员，及家庭人均月收入高于最低生活保障标准，但低于最低生活保障标准 **1.5 倍**的低保边缘人员。

拓宽救助范围，实现“兜好底”

在救助范围方面，由急难发生地直接实施临时救助；在救助金额方面，被救助家庭救助金累计一年内最高可达到 **36 个月**低保标准。针对特殊情况，可通过“一事一议”进一步提高救助金额。2022 年 1 月至 8 月，全市就实施临时救助 **747 人次**，其中急难型临时救助 **140 人次**，支出型临时救助 **607 人次**，共发放临时救助金约 **256 万元**。

提升精准帮扶，确保“兜准底”

为保证救助措施及时、精准，深圳市民政局畅通救助信息渠道，推出“民政十条”，对患新冠肺炎的特困人员、低保和低保边缘家庭，通过“一事一议”等方式加大救助力度，将一次性临时救助金上限提高到 **18 个月**低保标准。开展“深守护”关爱行动，提供心理援助、健康监测、资源链接、物资配送等救助服务。同时，强化对低收入人口的监测预警，跟进实施救助帮扶。重点关注因疫情失业人员、毕业未就业大学生等青年群体，主动与人力资源社会保障部门进行数据比对，逐户排查，将符合条件的困难群众纳入低保、低保边缘、特困、临时救助等救助范围，加强主动发现救助，确保困难群众“应保尽保、应救尽救、应帮尽帮”。

住有宜居
刷脸就可领取公积金

安居方能乐业，深圳实施大规模住房建设计划，持续加大住房建设和供应力度，完善公共设施配套，提升居住品质，让市民从“住有所居”迈向“住有宜居”。“十三五”期间，深圳累计供应居住用地 1121.8 公顷，其中安居工程用地供应 382.6 公顷，占比 34.1%；累计建设筹集住房 78.63 万套，其中安居工程建设筹集 44.24 万套。“十四五”期间，深圳将建设筹集保障性住房 54 万套（间），100% 采用装配式建筑建造方式，贡献高品质、高品位的“深圳质量”。

在深圳市统一政务服务 App“i 深圳”市住建局专区首页公积金版块，用户只需刷脸认证即可查询公积金账户明细、预约公积金办事，还能申请在线提取公积金。目前，公积金在线提取支持租房提取、其他住房消费提取、非深户离深销户提取、退休销户提取、完全丧失劳动能力提取、户籍迁出本市提取、最低生活保障提取等七种类型，用于支付房租等事项。如果需要进行其他类型的提取，市民也可以直接在“预约提取”模块中选择提取类型，预约到线下进行办理。

在公共租赁住房版块，“i 深圳”为市民提供了官方的公租房和安居房申请指南和各类问题解答。同时，专区还提供了公租房、安居房的轮候信息查询服务，市民申请后，用手机就能随时查询自己的轮候结果。

Chapter

03

Shenzhen Loves and Longs for You

第三章

你

（nǐ）

深爱人才

圳等您来

Shenzhen, China

YOU
你
Chapter
03
Whether it's literary style, or hustle and bustle, as long as you want it, Shenzhen gives it to you.
无论是文艺范儿，还是烟火气，
你想要的，深圳都有。
Shenzhen Loves and Longs for You
Shenzhen Next
Chapter 03

「人才之城」

在每一天的清晨里，遇见每一个面带微笑的你。

在每一天的奔跑里，遇见每一个坚定前行的你。

在每一天的夜色里，遇见每一个温暖如初的你。

这个片子里，有每一个你
深爱你，圳等你

扫码观看
完整视频

[爱好 ⟷ 文艺]

文化是城市的灵魂。在40多年的改革开放中，文化始终是深圳城市精神发展的内核。在这里，一座座老的文化遗迹被完整保留，一批批新的文化地标又拔地而起；在这里，无数的文艺园区惊艳游客，高品质的文艺活动让市民乐享福利；在这里，全民皆读书；在这里，以文化人、以文化物、以文化城。

扫码了解
深圳常设性
文艺项目一览表

市文化广电旅游
体育局官网

※ 可通过微信公众号、小程序、网站、App 等渠道获取更多资讯

品文化

扫码了解
深圳文化事业总体情况介绍

线上线下“图书馆之城”

深圳被称为“图书馆之城”。《深圳全民阅读发展报告2022》显示，深圳人均阅读纸质图书 9.15 本，比全国水平多了近一倍；人均年度阅读电子图书 11.70 本，数字化阅读方式的接触率达到 100%。不来深圳，你很难想象忙碌的深圳人日均阅读纸质图书时间超过 1 小时；不来深圳，你很难想象这座寸土寸金的现代化都市里，图书馆竟然无处不在；不来深圳，你可能无法理解联合国教科文组织唯一授予的“全球全民阅读典范城市”，为什么给了深圳。

中轴线上的深圳图书馆

2006 年落成的深圳图书馆是“图书馆之城”的中心馆，位于深圳的中轴线上。

深圳图书馆馆藏总量逾千万册（件），在全市设有 200 多台 24 小时自助图书馆，若干个分馆、图书服务站与青少年阅读基地，年均接待到馆读者约 450 万人次，实体文献外借总量近 500 万册次，已建立起由实体馆、网站、微信、微博、电话语音系统等构成的多元化服务平台。官方微博连续多年被评为年度“全国十大图书馆微博”。

图书馆建筑面积近 5 万平方米，透过三维玻璃曲面组成的 6 层高穹顶，自然光能照亮整个空间。一楼的阶梯成为许多读者最爱的阅读空间，馆内也准备了坐垫供大家取用。

2023 年，深圳图书馆北馆将在龙华区建成开放，总建筑面积达 7.2 万平方米，设计藏书量 800 万册。

“全城一个图书馆”

“图书馆之城”是一个覆盖全城的图书馆服务体系和数字化的服务网络，以全市已有、在建和将建的图书馆网点和数字网络为基础，统一条形码、RFID 标签，建立统一的书目数据库和读者数据库，联合各图书情报系统，实现对馆藏数据、读者数据、流通数据的集中运作、管理和维护，通过门户网站统一导航、检索、使用，着力打造“全城一个图书馆”，实现“一证通行、通借通还”，为读者提供便捷、高效、无差别的“一站式”图书馆服务。

通过这个理念超前、资源丰富、设施先进、服务便利、互通互联的图书馆服务网络，深圳已建成以市图书馆为龙头，区级图书馆为骨干，街道图书馆、社区图书馆、各类自助图书馆等为网点的服务网络。

有内涵，更有颜值

在“图书馆之城”的网络中，深圳现有公共图书馆（室）744 家，含国家一级图书馆 9 家；各类自助图书馆 306 个，馆藏总量 5947.98 万余册，是名副其实的“千馆之城”。同时，作为“设计之都”的深圳，有大量设计师参与到阅读空间的设计中，打造出南山区的“南山书房系列”、罗湖区的“悠·图书馆”系列、盐田区的“智慧书房”系列、龙华区的“城市书房”系列……作为“千园之城”的深圳，还将阅读空间与公园融为一体，目前，在城市公园内已经建成超过 50 个书吧，市民享受自然的同时，还能享受阅读的快乐。

深圳的图书馆有内涵，更有颜值，置身书中，你能享受的不仅是一份“文化大餐”。

24 小时书吧

[深圳永恒的阅读之约]

深圳已拥有 7 座 1 万平方米以上的超级书城、700 多家实体书店，中心书城 24 小时书吧是其中名气最大的。从 2006 年 11 月开业至今，这个书吧已经连续 17 年超过 14 万小时不打烊。

这里有免费的自习室和 Wi-Fi，还有咖啡和餐饮服务，更关键的是，即使整个城市都沉入黑夜，这里的灯也会为你长亮。17 年来，这里已经成为无数深圳人的灵魂港湾，不少人甚至在跨年夜也选择来这里与书为伴。

中英街图书馆

[时空古堡，翻阅百年]

在拥有浓厚历史底蕴的中英街内，伫立着一座华丽的古堡，这就是中英街图书馆。红砖、拱形窗、古朴的楼梯、花纹精致繁复的台灯、英式的壁灯、转角的留声机，还有精心挑选陈列的书籍……到处散发着英式古典气质，无一不让你“穿越时空”，回顾一街兴衰、百年变迁。

孤岛图书馆

[荷美如画，书海如鱼]

在洪湖公园荷仙岛上，有一座孤岛图书馆——荷美空间。蓝顶白墙的独栋小楼被 2 万余平方米的荷塘包围，透过 270 度环绕落地窗，一幅唯美的“接天莲叶无穷碧”景象顿时映入眼帘，只有翩翩飞过的白鹭提醒你不是身在画中。

孤岛图书馆有 3 面落地大书墙，藏书量超过 2 万册，可与少儿图书馆总馆和其他分馆实现通借通还。

舒本开卷、触目即景，在城市公园里也能拥有“诗和远方”。

灯塔图书馆

[随手皆可翻阅，俯仰皆是风景]

静藏于盐田区海滨栈道一角的灯塔图书馆，是深圳离海最近的图书馆。它采用三层的灯塔外形设计，一楼的阅读区开阔而简约，二楼的玻璃落地窗将南海与书海连为一体，三楼书柜间设置的长条形玻璃观景窗，则给你“随手皆可翻阅，俯仰皆是风景”的美妙体验。

低头看书，抬头观海，灯塔图书馆于不经意间成为山海盐田文化地标。

钟书阁

[感受深圳的历史和未知]

尽管竞争者甚众，但位于前海欢乐港湾的钟书阁，仍被誉为“深圳最美图书馆”。

包容且充满活力，是整个图书馆的内核，也是深圳的标签。螺旋式红色巨型书架贯穿整个空间，蜿蜒连接阅读室、活动室和儿童室。螺旋形切口像一个表盘，触手可及的书架上摆满了书籍，儿童区则是快乐的粉彩，一列带软垫的火车成为孩子们的阅读桌。

钟书阁的战略：一个城市，一家店——一千家店，一千张脸。深圳的钟书阁，就是一张写着深圳历史与未知的脸。

金龟自然书房

[浸入书海，融入自然]

金龟自然书房位于深圳市坪山区，距深圳中心区约 50 公里，是国内首家自然主题书房。金龟自然书房作为坪山“城市书房”之一，由老旧房屋改造而成，面积 342 平方米，外墙刷成黄白两色。它把“零废弃”和“自然好书”相结合，设有室内阅读区、室外活动区、沙龙区等功能区，还兼有自然图书阅读、美术创作、学术讨论、活动交流等公共文化服务功能。

深圳读书月，全民皆读书

深圳读书月，是由深圳市委、市政府于 2000 年创立并举办的一项大型综合性群众读书文化活动，时间为每年的 11 月 1 日至 30 日。

每届读书月围绕特定的主题组织开展各类读书文化活动数百项，是深圳重要的文化名片，营造了深圳“让城市因热爱读书而受人尊重”的书香氛围。

深圳读书月以“阅读·进步·圆梦”为总主题，23 年来累计举办文化活动超 10000 项，参与人数从首届的 170 多万人次上升到超 1000 万人次，累计吸引 2.4 亿人次参与，向希望小学、青工书屋等单位捐赠爱心图书价值逾 2800 万元，打造深圳读书论坛、经典诗文朗诵会、年度十大好书、十大童书、温馨阅读夜、赠书献爱心等知名品牌活动，被市民和专家亲切地喻为“精神文化的盛宴”和“城市文化的狂欢节”。在读书月创办第 10 年和第 20 年之际，中央相关部委两次在深圳召开全国全民阅读经验交流会，表彰读书月为全国“全民阅读优秀项目”。

在读书月的引领带动下，深圳书香氛围浓郁。2013 年 10 月，联合国教科文组织特别授予深圳“全球全民阅读典范城市”光荣称号，以表彰深圳坚持不懈推动国际化建设和全球文化交流合作，尤其在推广书籍和阅读方面为全球树立了典范。在第十六次全国国民阅读调查报告中，深圳位列城市阅读指数排行榜榜首，被评价为“全民阅读活动开展最早，活动影响力最大，活动效果最好的代表性城市”。

文化大讲堂，市民大学堂

“市民文化大讲堂”是深圳大型公益性文化活动，自 2005 年创办以来，“市民文化大讲堂”以“鉴赏·品位”为主题，以“弘扬人文精神，发展公共文化，丰富市民生活，提升城市品位”为宗旨，先后邀请了 300 余位名家学者举办了 400 多场讲座，先后被市民推选为最喜爱的“深圳市十大文化事项”和“深圳市十大文化品牌”，2009 年文化和旅游部授予深圳市民文化大讲堂“文化创新奖”。

深圳图书馆微信公众号

深圳图书馆微博

图书馆之城微信公众号

博物馆

[承深圳之物华，御博物之天宝]

时尚繁华的街道，淹没不了深圳悠久的历史和厚重的人文，承载着深圳过去的博物馆遍布鹏城，与深圳永远融为一体。

目前，深圳建有博物馆 60 家，藏品总量 7.5 万余件。成立于 1981 年的国家一级博物馆——深圳博物馆作为领头羊，现有历史民俗馆、古代艺术馆、东江游击队指挥部旧址和深圳改革开放展览馆 4 处馆址，建筑面积 6 万多平方米，是集收藏、保护、研究、展示、教育为一体的大型总分馆制博物馆。

除常设展览外，深圳博物馆还以原创、引进、合作办展等形式举办专题展览，2022 年成功举办了“谜踪之国——云南古滇国青铜文化展”和“理解三星堆：祭祀场景中的铜器、玉器与象牙、虎牙”等多个专题展览。

其他博物馆中，国家二级博物馆望野博物馆，是市内收藏国家一级文物最多的非国有博物馆；记录 700 多年村史的皇岗博物馆，是全国第一家村办博物馆；大鹏半岛国家地质公园博物馆、深圳古生物博物馆等公园里的博物馆，也是人气颇高。

深圳博物馆一览

深圳市博物馆地图

非遗

[保护文化根，延续民族魂]

深圳非遗列表

深圳文物保护工作总体情况介绍

深圳共有沙头角鱼灯舞、下沙祭祖习俗、贾氏点穴疗法、平乐郭氏正骨法、松岗七星狮舞、坂田永胜堂舞麒麟、大船坑舞麒麟等国家级非遗项目 7 个；疍民过年习俗、下沙大盆菜宴习俗等广东省级非遗项目 26 个；沙井蚝民生产习俗、开丁节等深圳市级非遗项目 22 个；刘永富等非遗传承人 48 人。深圳还采用报道、表演、电竞、进校园等多种方式，举行了众多非遗推广活动，保护文化根，延续民族魂。

赏艺术

深圳是中国最年轻的城市，不管在经济、文化、设计等各个方面都是充满活力，在这片肥沃的土地上，艺术的种子同样茁壮成长，引领潮流，并构成这座城市最富魅力和最具辨识度的文化符号。

大芬村
把自己画成了油画

位于布吉的大芬村，被誉为“中国油画第一村”。这座占地仅 0.4 平方公里的小村落，云集了画廊与艺术机构 1800 余家、知名企业 60 多家，聚集油画从业人员约 8000 人，加上周边社区从业人员共 20000 多人，是中国最大的商品油画生产和交易基地，也是全球重要的油画交易集散地。同时，大芬村还举办深圳大芬国际油画双年展和全国（大芬）中青年油画展，成为全国油画艺术界的品牌展览项目。

从 1989 年，一位叫黄江的香港画商开了大芬的第一间画室起，这个原本素净的客家村落，就开始变得五彩斑斓。越来越多的画师扎根大芬谋生或创作，小小的画室里或窄窄的街道上，他们通常会排成排，在画布上描绘最畅销的风景，而此时，他们自己也成为一道风景。从临摹到自创，油画成批地出炉，在大道上、小巷里、墙壁外，在街头巷尾争奇斗艳，原始的客家排屋，也被画家的妙手染成了彩色。恰到好处的涂鸦，以及铺满村落的画作，让你感觉走在村中宛如走进画中。

到大芬村，除了看画、看景，你还有机会亲手拿起画笔，创作心中最美的那幅油画。

观澜版画村，把艺术融入自然

拥有近 300 年历史的客家建筑群落的大水田村，是深圳十大客家古村落之一，也是著名版画家陈烟桥的故乡。2006 年，这座依山傍水、古色古香的村落，被打造成一座现代化国家级版画文化产业示范基地，由此更名为“观澜版画村”，实现华丽蜕变的大水田村，堪称古村活化的典范。

在完整保留了客家民居独特风情的版画村，嵌入现代艺术的产业基地，排屋、古井、宗祠、碉楼与山水、田园、花海、古树相映生辉，静谧的乡间风光与充满现代气息的版画工坊完美融合，每一个景致都是一幅优美的画卷。

经过 10 多年的发展，版画村现已有超过 90 多个国家和地区的千余位艺术家入驻创作，累计印制版画逾 10 万张，载誉无数，被称为“深圳最美乡村”的版画村，已成为市民休闲出行和艺术享受的必选之地。观澜版画基地已连续举办 7 届中国·观澜国际版画双年展，成为当代国际版画界最具国际影响力的版画展览项目之一。

在版画村的带动下，周边的鳌湖、上围、桔岭等一众古村，相继变身为艺术村、音乐村等新型文创园区，让观澜成为深圳新的文化地标。

其他主要美术品牌活动

- 中国设计大展及公共艺术专题展
- 深圳国际水墨双年展
- 关山月美术馆馆藏关山月作品专题展
- 文脉传薪——中国写意油画学派作品年展
- 深圳美术馆当代艺术年展
- 深圳本土名家系列展
- 深圳国际水彩画双年展
- 深圳国际摄影周

“钢琴之城”靠品质扬名

深圳“钢琴之城”的称号早已名声在外，无论是钢琴的普及率，还是每年考级的琴童数量，在全国都遥遥领先，著名钢琴家刘诗昆、孔祥东、但昭义等都在深圳开班授徒，培养出一大批享誉全球的青年钢琴家，中国深圳国际钢琴协奏曲比赛、深圳钢琴公开赛、深圳钢琴音乐季等品牌活动共同构建了“钢琴之城”音乐品牌体系。建设“钢琴之城”，早已是深圳实施文化强市战略的重要举措之一。

三年一届的中国深圳国际钢琴协奏曲比赛，作为国际音乐比赛世界联合会成员，是中国最重要的国际钢琴赛事之一，在国际上具有广泛影响力，评选培育了左章、金·玛莉亚、戈林娜·科斯提亚科娃、马可、白岩峰等一大批优秀钢琴家，赛事计划于 2023 年举办第五届。

深圳钢琴公开赛拟在 2023 年举办第十二届，作为一项以普及和提高钢琴基础教育为宗旨的大型钢琴赛事，为全国专业青少年学子和业余琴童搭建了一个常设性的钢琴艺术交流、学习和表演的舞台。

深圳钢琴音乐季拟在 2023 年举办第十一届，活动包括钢琴音乐会、钢琴大师班、钢琴讲座、古钢琴展览等多个板块，每年邀请国内外优秀钢琴家、青少年钢琴才俊及本地优秀钢琴师生走进深圳高雅音乐厅，同时走进全市各区特别是原特区外的校园、社区、企业等，为深圳市民送上高规格、高水准的钢琴音乐活动，开启全民钢琴音乐盛典，成为钢琴艺术国际化、民族化、多元化、普及化的典范。

深圳交响乐团音乐季

深圳交响乐团音乐季是由深圳交响乐团主办的一项常设性高雅音乐品牌活动。音乐季追求一以贯之的高品位，每年 9 月到第二年 7 月期间，为鹏城观众奉献 38 场高水准音乐会。音乐季邀请国内外著名演奏家与深圳交响乐团联袂为观众带来高水平的精彩演出，满足市民古典音乐欣赏需求，丰富高雅艺术生活。深圳交响乐团 2022—2023 年音乐季将为广大乐迷及观众呈现致敬深交建团 40 周年“我们的四十年”系列专场演出及“匠心韶华”“特别制作”等主题系列音乐会。

中国（深圳）文博会艺术节

中国（深圳）文博会艺术节作为历届文博会的重要组成部分，一直秉承“搭建国际文化交流桥梁、打造原创新作展示平台、推动中华优秀文化走出去、促进文艺创作繁荣发展”的宗旨，坚持“国际化、专业化、市场化、精品化”的定位，重点引进世界经典剧目、名家名团舞台精品、国家优秀舞台艺术工程演出项目、国家艺术基金重点资助项目等中外舞台艺术精品，充分展现深圳开放多元、兼容并蓄、创新创意、现代时尚的城市文化特质。作为国内舞台艺术精品和优秀原创作品搭建展示和交流的平台，文博会艺术节有力推动中华优秀文化产品走出去，促进文艺创作繁荣发展，为参加文博会的嘉宾和广大市民提供丰富的艺术盛宴。

舞剧《咏春》

[惊艳全网，真的帅炸了！]

当舞蹈与武术完美结合，深圳出品的舞剧《咏春》在2023年元旦前后一经推出，就惊艳了全网。《咏春》由中共深圳市委宣传部、市文化广电旅游体育局出品，深圳歌剧舞剧院创排演出，2022年度国家艺术基金与深圳市宣传文化基金共同资助。在主创阵容上，《咏春》由舞坛“双子星”韩真、周莉亚共同执导，中国舞蹈家协会主席冯双白编剧，深圳歌剧舞剧院优秀舞蹈演员常宏基、张娅姝、冯浩然、许天慧领衔主演，并汇集了一大批国内舞台艺术的优秀创作者。《咏春》于2022年12月22日、23日在深圳保利剧院首演，迅速以舞剧精神与武术精神碰撞的独特魅力征服观众，并受邀在12月31日，将舞剧中18分钟宗师对决的选段浓缩成13分钟，搬上哔哩哔哩跨年晚会的舞台，顿时惊艳全网观众，“咏春”也成为元旦前后被高频提及的热搜词。据悉，舞剧《咏春》2023年全国巡演已经开启。

深圳市戏曲名剧名家展演

自 2013 年创办以来，深圳市戏曲名剧名家展演每年举办一届，现已成功举办 10 届，先后邀请了来自中国国家京剧院、北京京剧院、广东粤剧院等国内知名院团，以及众多荣获中国戏剧梅花奖的各戏曲剧种著名表演艺术家参与演出，上演了京剧、昆曲、豫剧、黄梅戏、秦腔、晋剧、粤剧等多类优秀戏曲，同时充分挖掘本土优秀戏曲艺术资源，精选有代表性的剧目通过深圳戏院“戏播”平台现场直播，吸引更多市民尤其是年轻人参与，共同守护传承千年戏曲文化，为提升城市人文品质、弘扬中华传统文化、提供高品质公共文化及满足人民美好生活向往等作出了积极贡献。

其他重要舞台艺术活动

- 深圳合唱节
- 粤·Show 剧场
- 粤剧在周末
- 戏聚星期六
- 美丽星期天
- 音乐下午茶
- 艺术大观
- 深圳大剧院艺术节
- 深圳中外少儿艺术季

看展会

全力建设“国际会展之都”

截至2022年，深圳已有24个展会项目、评选出16个深圳市品牌展会，17家企业获得全球展览业协会（UFI）认证。

为实现成为“国际会展之都”的目标，深圳多措并举：建设国际一流会展业发展空间，打造国际知名会展业发展高地，厚植会展业发展环境，强化会展业发展保障，推动深圳市会展业高质量发展。目前，深圳已培育出“中国科技第一展”高交会、“中国文化产业第一展”文博会等众多高质量展会。2019年7月投入使用的深圳国际会展中心，整体建成后将成为全球最大会展中心。

高交会

[中国科技第一展]

中国国际高新技术成果交易会（简称高交会）由商务部、科学技术部、工业和信息化部、国家发展改革委、农业农村部、国家知识产权局、中国科学院、中国工程院和深圳市人民政府共同举办，每年在深圳举行，是目前中国规模最大、最具影响力的科技类展会。

高交会集成果交易、产品展示、高层论坛、项目招商、合作交流于一体，重点展示节能环保、新一代信息技术、生物、高端装备制造、新能源、新材料、新能源汽车等领域的先进技术和产品。经过多年发展，高交会已成为中国高新技术领域对外开放的重要窗口，在推动高新技术成果商品化、产业化、国际化以及促进国家、地区间的经济技术交流与合作中发挥着越来越重要的作用。

文博会

[中国文化产业第一展]

中国（深圳）国际文化产业博览交易会（简称文博会）由中共中央宣传部（国家新闻出版署、国家版权局、国家电影局）、中华人民共和国文化和旅游部、中华人民共和国商务部、国家广播电视总局、中国国际贸易促进委员会、广东省人民政府和深圳市人民政府主办，深圳报业集团、深圳广播电影电视集团、深圳出版集团有限公司、深圳国际文化产业博览交易会有限公司承办，是全国文化产业博览交易的一场盛会。

自 2004 年在深圳创办以来，文博会始终坚持守正创新，以博览和交易为核心，打造中国文化产品与项目交易平台，全力服务党和国家文化发展战略，促进和拉动中国文化产业发展，积极推动中国文化产品走向世界。经过十八届的成长与发展，文博会线下展示交易规模现已达到 120000 平方米，展商数量从首届的 700 多家增加至第十八届的 3402 家，已连续十三年实现全国 31 个省区市及港澳台地区全部参展，参观、参展、采购的国家和地区从首届的 10 多个增加到第十八届的 108 个。

2023 年 6 月，第十九届文博会办展成果再创新高，有超 12 万件文化产品展出，超 400 万人次参会，4000 多个文化产业投融资项目在现场展示与交易，总成交额达 34.2 亿元。

深圳国际摄影大展

深圳国际摄影大展是由中国摄影家协会和深圳市文学艺术界联合会共同举办的国家级、国际性的摄影活动，该展每年举办一次，是以城市为主题的综合性摄影展览，也是深圳着力打造的国际性摄影艺术交流平台和新的城市文化名片。常设总主题为“人文·都市·科技”，每届大展以各种展览和讲座活动为主，共设 6 大板块内容：征稿主题展、手机摄影展、专题邀请展、主题学术研讨会、分会场平行展、摄影企业展。

深圳书展

深圳书展全称“南国书香节暨深圳书展”，是由中国出版协会、中国书刊发行业协会指导，深圳市委宣传部、深圳市新闻出版局主办，深圳读书月组委会办公室、深圳出版集团有限公司承办的图书文化展会，也是深圳继成功举办 1996 年第七届全国书市和 2018 年第二十八届全国书博会之后，2019 年首次设立面向全国书业的图书文化展会。

3 年来，深圳书展累计接待读者超 300 万余人次，陆续刷新全国时间最长、销量最高的城市书展纪录，为市民读者打造了一场“最有幸福感、最有获得感、最有满足感”的城市阅读狂欢节。

深圳书展以主会场、分会场和专项活动点为主要阵地，形成了全市联动的会展空间，实现了向城市基层的延伸与向市民生活的渗透，形成“区区有亮点”的阅读文化生活新局面，具有折扣力度大、名家活动多、模式创新、服务智能等多项特色，被领导嘉宾、市民读者、新闻媒体亲切地称作“深圳又一具有代表性和影响力的城市文化名片”。

深港城市 \ 建筑双城双年展

深港城市 \ 建筑双城双年展是深圳市政府主办的两年一度常设性的国际文化活动，自 2005 年创办，2007 年中国香港加入共同举办，展览演变成为“双城互动、一展两地”的独特模式。深港双城双年展是目前全球唯一一个以“城市”和“城市化”为固定主题的展览。每届选择不同的城市空间作为展场，邀请建筑界、艺术界最有国际影响力的策展人、学者、评论家进行策划；促成国内国际一流的建筑师、设计师把作品带到深圳，促进深圳设计生态发展，使深圳成为中国城市设计、建筑规划设计、平面设计等设计产业交流的中心与风向标；推动中国新锐建筑师走向国际舞台。该展至今已经举办过 8 届，展出总计超过 1800 件来自全球的优秀作品，共举办 900 多场活动，吸引超过 165 万名观众前来参观。

庆佳节

湾区超级灯会

时间：每年春节前后

每逢新春佳节临近，湾区超级灯会都会在欢乐海岸椰林沙滩缤纷登场，接近 2 个月的活动时间，为深圳增添了浓浓的“年味”。

湾区超级灯会是国内排名前 5 的大型灯会之一，每年都会选定不同的主题，处处张灯结彩、火树银花，数十组大型主题创意灯组，把欢乐海岸变成一片唯美的璀璨灯海。此外，每年超级灯会还会推出大型舞台表演，以及灯谜、实景专属剧本杀等互动游戏，在灯火通明的梦幻市集，市民还可逐一品尝南北特色小吃。总之，你想要的春节氛围，这里都有。

迎春花市

时间：每年春节前

深圳迎春花市始于 1982 年，此前多年主要集中在罗湖区爱国路，后逐渐向多区扩展，会展中心和岗厦都曾举办过迎春花市。

2023 年的迎春花市采用“1+9+N”的模式举办，即 1 个主会场、9 个分会场、若干个分散的购花点，从 1 月 15 日持续到 21 日。主会场设在福田中心区的海田路（深南大道至福华路段）以及周边区域，此外还在罗湖、盐田、南山、龙岗、龙华、光明、宝安、龙岗、坪山等地设立分会场，成为历年来规模最大的一届。

每年春节前，记得约上亲朋好友一起去逛花市哟！

南山荔枝节

时间：每年 6 月 28 日至 7 月 6 日

除了元旦、春节、国庆等国家法定节假日外，深圳还有许多本地节日，最有名的就是被称为深圳“市节”的荔枝节。

“日啖荔枝三百颗，不辞长作岭南人。”唐宋时期便成为“贡品”的南山荔枝，是中国国家地理标志产品。每逢蝉鸣荔香，深圳市民都会邀约亲朋到荔枝园尝鲜，逐渐发展为传统习俗。1999 年，深圳举办首届南山荔枝节，举行开闭幕式、荔枝采摘、荔枝交易会等活动，即摘即啖，以荔为媒，乐聚南山。

沙井金蚝节

时间：每年 12 月

宝安区沙井是世界上最早人工养蚝的地区，养蚝的历史可追溯到宋代，被称为“千年蚝乡”。沙井蚝生产工艺和习俗世代相传，至今“蚝香”依旧。2004 年起，沙井每年举办“金蚝节”，游客可一边在美食节品尝“蚝门盛宴”，一边通过音乐、舞蹈、诗歌、展览等形式，体会宝安区“香江之根，深圳之母”的深厚人文底蕴和源远流长的历史。

※ 可通过微信公众号、小程序、网站、APP 等渠道获取更多资讯

“深圳艺文惠”
微信公众号

[畅游⟷四方]

作为一座美丽的海滨城市，山海相连的深圳拥有丰富的旅游资源，来到正创建世界级旅游目的地的深圳，你可以尽情用眼睛去发现深圳之美，用心灵去感受深圳魅力。

2022
“i游深圳”
精品旅游路线
THE EXQUISITE
TOURISM ROUTES

扫码关注
“i游深圳”微信公众号

逛地标

莲花山公园

[与伟人来张合影]

在车水马龙的深圳市中心区北端，有一座因 7 个山头相拥，状如盛开莲花而得名的莲花山，是繁华中心区的“绿肺”，“莲山春早”入选“深圳八景”之一。近年来，公园年入园人次高达 1500 万。

山脚下先后建成棕榈风情、莲湖泛舟、莲山春早、晓风漾日等景点，风筝广场、桃花林也是游人如织。从登山步道拾级而上，登高 106 米就能抵达山顶广场，广场中央矗立着全国第一个由中央批准、以城市雕塑形式竖立的邓小平铜像，于 2000 年 11 月 14 日落成，入选“深圳十大历史建筑”。铜像塑造的邓小平身穿风衣，面朝南方，目光深邃，衣襟飞扬，阔步向前，气宇轩昂，铜像目之所及，近观是高楼鳞次的深圳 CBD，远眺则是繁华的香港。

山顶广场背面的花岗岩墙上，镌刻着邓小平 1984 年视察深圳时“深圳的发展和经验证明，我们建立经济特区的政策是正确的。”的题词，墙壁另一面则刻着邓小平感人肺腑的名言：“我是中国人民的儿子。我深情地爱着我的祖国和人民。”

每逢清明、国庆、特区生日等重要节日，深圳人都不忘来到铜像前，献上一束花，深深一鞠躬，寄托对伟人的思念。党和国家领导人视察深圳时，也会来到莲花山顶向邓小平铜像献花。

荔枝公园东南口的巨型室外邓小平画像，每年同样有上百万游人前往与伟人“合影留念”。

时间广场

[时间就是金钱，效率就是生命]

时间广场的所在地，正是 1979 年蛇口工业区“开山填海第一炮”的原点，竖立在广场上的标语“时间就是金钱，效率就是生命”，则是 40 多年前带领深圳，甚至全中国冲破思想禁锢的第一声春雷。无论是特区建设还是深圳精神，都从这里开始。

国贸大厦

[“三天一层楼”的“深圳速度”]

1985 年建成的深圳国贸大厦高 53 层（地下 3 层），通高 160 米，曾是中国最高的建筑，也是中国第一座摩天大楼，在中国建筑史上具有里程碑意义。

虽然其高度早已被无数摩天大楼超越，但如今国贸大厦依然凭其建造期间创造“三天一层楼”的“深圳速度”享誉全国。1992 年，邓小平同志曾在这里发表了重要的“南方谈话”，推动了改革开放和现代化建设的进程，也使国贸大厦被永久地镌刻在了深圳和中国改革开放的历史中。

孺子牛铜塑

[深圳的拓荒牛精神]

深南大道深圳市委门前的孺子牛铜雕，从 1984 年落成至今，一直是深圳地标。铜雕以拓荒牛竭尽全力向前拉一根树根的形态，象征了特区建设者勇于开拓、大胆创新、无私奉献、奋勇前进的创业精神。

2010 年 12 月，孺子牛铜雕被深圳市政府公布为第五批深圳市文物保护单位。

深南大道

[记录并演绎特区奇迹]

深南大道是一条东西贯穿深圳主城区的主干道，横跨罗湖、福田和南山三区，是“深圳八景”之一。

深南大道西起南头检查站，东连罗湖区沿河路，从最初蔡屋围到上步 2.1 公里的沥青路，到如今全长 25.8 公里的地标性主干道，全线贯通用了 14 年时间，路幅宽达 135 米，为 12 至 16 个标准化车道，中心区最宽达 350 米。

深南大道两边摩天大楼鳞次栉比，云集了 140 多家世界 500 强企业，沿途包括南头古城、深圳大学、科技园、华侨城、市民中心、孺子牛雕塑、东门等，同时串联了深圳的行政、文化、商业、金融和科技中心。

深南大道不仅仅是一条交通动脉，更像是一条电影胶片，铺在城市的横轴线上，记录了深圳一步步发展壮大的历程，并仍在演绎着经济特区加速腾飞的奇迹。透过车窗游览深南大道，你穿越的就是一座中国改革开放的陈列馆。

平安金融中心

[标高鹏城天际线]

平安金融中心是深圳目前最高的建筑，代表了深圳的天际线，塔顶高度 592.5 米，在摩天高楼榜单中稳居世界前五、国内前三。

大厦的 116 层设有集观光娱乐、文化创意、科普教育于一体的云际观光层。乘坐高速电梯到达观光层，游客不仅可以于扶云处 360 度鸟瞰深圳城市风貌，还可以在 36 个离地高 547.6 米的悬空玻璃观景台上踏入云际，一步惊心，这一高度也创造了观景台的世界纪录。同时，游客还能体验云际极限拍、时空隧道、镜面迷宫、智慧城市、人影互动、未来望远镜等项目。

市民中心

[大鹏展翅最抢镜]

位于福田中心区中轴线的市民中心，北靠莲花山，南向中央商务区，是集政府机构、博物馆、会堂等多功能为一体的综合体，是深圳最大的市政建筑。

市民中心在设计和功能分布上充分体现了开放、亲民的政府形象，其东、中、西三区，被巨大的网状钢结构波浪形屋顶连为一体，如大鹏展翅卧于深南大道北侧、气魄宏大，象征深圳市在建设现代化国际化城市中的腾飞和发展。在有关深圳的视频影像中，市民中心也是上镜率最高的建筑之一。

城市地标一日游

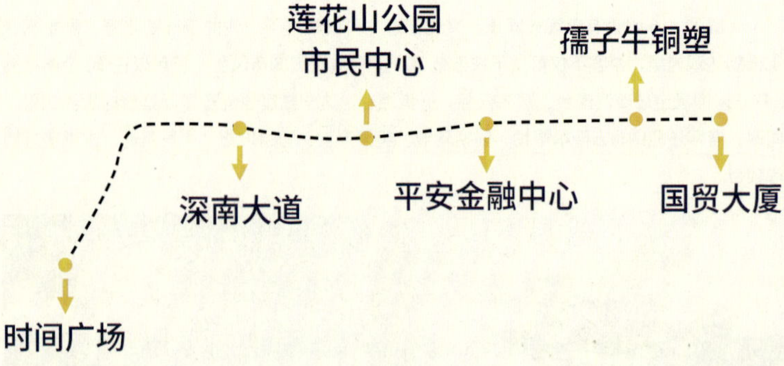

观人文

深圳是一座年轻的城市，从 1980 年建市并创建经济特区至今，只有短短 43 年；但同时，深圳又有着 6700 多年的人类活动史，人类从新石器时代至今在这片土地上世代繁衍。

城里的那些石头会说话，你所见到的 43 岁和 6700 多岁的深圳，都是深圳。

大鹏所城

[“深圳八景”之首，移民文化之源]

大鹏所城全称为“大鹏守御千户所城”，建于明洪武二十七年（1394 年），是明清两代中国海防的军事要塞，2001 年成为全国重点文物保护单位，2004 年被评为“深圳八景”之首。

600 余年来，大鹏所城见证了中华民族抵抗外敌入侵的历史，涌现了赖恩爵、赖信扬、赖恩锡、刘起龙、刘黑仔等一批民族英雄。同时，大鹏所城文化根脉深厚，融合了客家文化、疍家文化、广府文化和海防文化，诞生了深圳最早的移民文化。

虽几经战乱，但所城内的城门楼、大鹏仓、振威将军第、刘起龙将军府第等历史建筑都保存完好，大鹏古城博物馆也有众多文物收藏和专题展览。

东江纵队纪念馆

坪山是东江纵队的策源地，也是司令员曾生的家乡。1995 年 11 月，曾生逝世，东纵老战士提议修建东江纵队纪念馆。

2000 年 12 月 2 日，深圳市坪山区东江纵队纪念馆建成开馆，成为广东省最早建成的东纵主题纪念馆。纪念馆占地约 5000 平方米，展厅建筑面积 1500 平方米，集中展示东江纵队光辉历程和重大贡献，珍贵史料 900 余件，被评为广东省爱国主义教育基地、广东省反腐倡廉教育基地、广东省国防教育基地、首批广东省红色革命遗址重点建设示范点、深圳市廉政教育基地、深圳市爱国主义教育基地、深圳市中共党史学习教育基地，开馆至今累计接待观展人数近百万人次。

南头古城

[深港历史文化之根]

南头古城，又称“新安故城”，位于南山区南头天桥北，自东晋咸和六年（公元 331 年）设置东官郡起开始建设，见证了深圳地区近 1700 年来的历史变迁，被誉为“深港历史文化之根”。

南头古城所在地，是历代岭南沿海地区的行政管理中心、海防要塞、海上交通和对外贸易的集散地。城基用黄泥砂土堆筑，呈不规则长方形，四周有濠沟围绕。城址东西最长 680 米，南北最宽处 500 米。现南北城墙尚存基址，南城门保存完好，拱形城门上用小篆阴刻“宁南”二字。

目前城内包括牌楼、南城门、新安县衙等 10 余处人文历史景观。

鹤湖新居

[九厅十八井，十阁走马廊]

位于龙岗街道的鹤湖新居，被誉为“客家第一围”和“客家文化的活化石”，是中国目前规模最大的客家围村建筑群，也是保存最完整、最具代表性的客家围屋之一。

鹤湖新居始建于清嘉庆二十二年（公元1817年），为龙岗罗氏祖宅。其建筑外观前宽后窄，略呈梯形，由内外两围相套而成，布局错落有致，号称“九厅十八井，十阁走马廊”，是深港地区城堡式围楼的典型代表。

深圳类似的客家围村代表，还有龙田世居和甘坑客家小镇等。

沙井古墟

[一本深圳的历史书]

沙井古墟是深圳现存最大的混合型历史街区，占地面积约26万平方米，包括一条古老的河流——龙津河，一幢近千年历史的南宋建筑遗址——龙津石塔，以及几百栋老屋、十几处祠堂，若干个古井、牌坊、废墟和遗迹等，加上体现改革开放后风貌的城中村，所有的建筑痕迹在沙井古墟都很完整地保留和掺杂在一起，光谱式记录深圳城市发展。

与沙井古墟并称为深圳“四大古墟”的，还有东门老街、沙头角老街和观澜古墟。

中英街

[八块界碑，一街两制]

这条位于沙头角的仅4米宽的街道，以及依然保留的8块界碑，一直述说着一街两制的历史。香港回归后，这条老街仍是游客值得一去的打卡地。除了林立的商铺和免税店，中英街历史博物馆，一个警钟，一口古井，一段漂亮的海岸线，还有一阵迎面而来的清爽海风，都能让你度过愉快的一天。

左炮台

[踞山面海，守护历史]

左炮台位于深圳市赤湾鹰嘴山，始建于清康熙八年（公元 1669 年），是深圳市文物重点保护单位。

赤湾古炮台原分左、右炮台，共有生铁炮12门，踞山面海成犄角之势，钳制赤湾港，雄视伶仃洋，是鸦片战争时期主要的海上屏障。1893 年，湖广总督林则徐布防珠江口时曾重修赤湾炮台，为禁烟发挥重要作用。广东水师提督关天培利用炮台，在伶仃洋、穿鼻洋大败英军。遗憾的是，现在只剩下左炮台保存完好。

穿过左炮台牌坊，走过两棵 130 年左右树龄的古榕，就能看到左炮台。战事早已停歇，已经斑驳的古炮，仍孤独而倔强地守护着那部抵抗外侮史，提醒吾辈当自强。左炮台北面是林则徐铜像，旁边的诗碑镌刻着林则徐的诗词，其中有 1990 年江泽民同志为纪念鸦片战争 150 周年而题写的林则徐诗句：“苟利国家生死以，岂因祸福避趋之。”

文天祥纪念公园

[伶仃洋畔赞伶仃]

“人生自古谁无死？留取丹心照汗青。”千古名诗《过零丁洋》，是对宋末文天祥的忠实写照，他的忠肝义胆，700 多年来一直感动和激励着所有中国人。

为纪念这位抗元名臣及杰出诗人，深圳在伶仃洋畔的蛇口赤湾山修建了文天祥纪念公园。公园根据文天祥一生“读书报国”“宦海沉浮”“积极抗元”“英勇就义”的经历分为四个主题空间，游人可重温文天祥的生平故事，感受这位文人的爱国情怀，而文天祥的塑像，则永远矗立在伶仃洋畔，见证新时代的巨变。

宋少帝陵

[广东唯一的皇寝陵]

宋少帝陵是南宋最后一位皇帝宋少帝赵昺的陵墓，坐落于南山区赤湾，北依小南山，南临伶仃洋，是广东省内所发现的唯一的皇寝陵，是深圳市第一批重点文物保护单位。

宋少帝陵远没有一般皇帝陵那么恢宏大气，毕竟当时赵昺已经国破家亡。墓地中央是墓碑和坟堆，墓碑正中镌刻的“大宋祥庆少帝之陵”八个填金大字，以及龙凤祥云图案，证明了逝者身份。

墓东侧立有石碑，碑记记叙了宋少帝的生平、陆秀夫负帝殉海的经过以及陵墓的修建情况。陵墓西侧，是一座高约 4 米的陆秀夫负帝殉海石雕像。陵墓不时有人前来拜祭，民族英雄陆秀夫像前也时常摆满祭品。

品味人文周末游

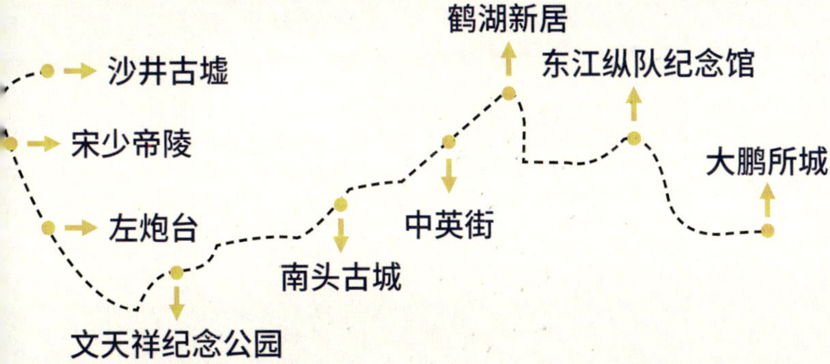

归自然

“千园之城”推门见绿

经济特区成立 40 多年来，深圳经济逐年飞跃，城市人口爆发式增长。但深圳始终高度重视生态环境保护，注重人与自然的和谐共生，将园区建设作为一项民生工程，纳入到政府工作绩效评估中。

深圳市“蓝绿空间”超过陆域面积的 50%，拥有 310 条河流，161 座湖库，原生性和半原生性山体 60 余座，孕育了繁茂的南亚热带特色森林；同时拥有 260 公里海岸线，50 处自然沙滩，各类动植物超过 3000 种。全市绿化覆盖面积 100872 公顷，绿地面积 96868 公顷，建成区绿化覆盖率 43%。全市各类公园 1238 个，绿道 2843 公里，绿道密度超过 1.42 公里 / 每平方公里，500 米内的绿化覆盖面积超过 91%。1994 年，深圳获评“国家园林城市”，2000 年获评“国际花园城市”，2020 年创建“国家生态文明建设示范市”。

同时，深圳积极将阅读空间和全民健身工程与公园建设有机结合，开放公园帐篷区，启动免费借用草垫，引入轻餐饮，开通便民公交线等一系列惠民服务，出台市民游客游玩准则，引导市民爱护共同的绿色家园。

一个巨大的生态网络，连通了深圳的山海生境与都市家园。城在山海间，家在公园里，深圳的“千园之城”，肉眼可见。

浏览深圳公园地图

深圳市生活垃圾分类投放指引（2020 年家庭版）

“无废城市”呵护自然

为守护绿水青山蓝天，深圳市积极探索“无废城市”建设，推进固体废物减量化、无害化、资源化。建成投产五大生活垃圾焚烧处置基地，焚烧能力达到 2 万吨 / 日，已基本实现原生生活垃圾全量焚烧和趋零填埋。

其中，深能环保盐田能源生态园，已然成了深圳的网红垃圾焚烧发电厂，在这里，市民可以了解最前沿的垃圾处理技术，还能喝咖啡、参观科普教育基地。这座集垃圾焚烧、发电、渗滤液处理于一体的垃圾焚烧处理厂，每天处理生活垃圾 500 余吨，碳减排约 300 吨，焚烧发电可供 400 个家庭一个月的用电量。可谓建一座电厂，还一座公园。

扫码 VR 游览
盐田能源生态园

梅沙踏浪

[存满深圳人对夏天的记忆]

大小梅沙两座海滩，犹如两弯新月镶嵌在盐田区的苍山碧海之间，水清沙幼，沙滩平坦，素有“东方夏威夷”之称。特别是免费的大梅沙海滩，曾创造过单日接待 24 万人，同时有 6 万人在场的纪录，每到下海的季节，这里都会存满深圳人对夏天的记忆。

大梅沙山边发现有距今 3000 多年前的商代文化遗地，沙丘上发现有春秋时代遗址，说明自古以来，大小梅沙地区就是人类生息繁衍、赶海踏浪的地方。经过近几十年的不断开发完善，大小梅沙宾馆、酒店、别墅、野营、水浴等海滨旅游设施设备配套齐全，并定期举办国际风筝节、沙滩音乐节、沙滩足球，以及沙滩排球和帆船帆板赛事等丰富多彩的活动，形成了海、陆、空和全天候的海滨大型综合旅游乐园。

大鹏半岛

[东边有个“桃花源”]

位于深圳大鹏新区的大鹏半岛，三面环海，东临大亚湾，西抱大鹏湾，陆域面积 294.18 平方公里，海岸线长 133.22 公里，森林覆盖率 76%，拥有独特的山海风光、旅游资源和丰富的人文资源，生态资源保护严格，旅游设施配套齐全，是深圳面积最大、保存最为完好的生态乐土，被称为“深圳桃花源”。

半岛内拥有七娘山国家地质公园、排牙山自然保护区、大鹏所城、王母观音庙、王母妆台及风吹罗带等数十个旅游景点，金沙湾、西冲、东冲、桔钓沙、较场尾等十几个沙质松软的沙滩，以及王母河、杨梅坑河等数十条溪水，是深圳市民大小长假旅游休闲的首选。

深圳湾公园

[架“大炮”，拍小鸟]

深圳湾公园东起福田红树林自然保护区，西至后海河入海口，贯穿深圳湾北、西两侧海岸线，由 12 个主题公园连成一片，公园面积约 128 公顷，全长超过 20 公里，历时 8 年规划设计建设完成，解决了深圳的“亲海之困”。作为全球首个“国际红树林中心”，公园内保护有高等植物 170 种，其中红树植物 9 科 16 种。同时，深圳湾也是候鸟的国际迁徙通道，每年 10 月至次年 3 月，数以十万计的候鸟如约而至，在这里过冬或短暂停歇，其中包括黑脸琵鹭、卷羽鹈鹕、小青脚鹬等 23 种珍稀濒危物种。每逢候鸟回归，摄影爱好者都会在深圳湾公园岸边架起成排的“长枪短炮”，为鸟儿们留下最美的倩影。

仙湖植物园

[湖不在深，有仙则名]

相传，远古时三位仙女下凡，揪心于民间疾苦，决定祈雨解救。雨停后，仙女求雨处变成湖泊，民间不再遭旱，遂命名为“仙湖”。

1983 年，深圳在仙湖开建植物园，融科研、科普、旅游为一体，目前为国家 4A 级景区。园内共保存植物 4000 多种，包括濒临灭绝的珍贵植物 140 多种。植物园根据地形植被和名胜划分为 6 大景区 21 个植物专类园，还有别有洞天、两宜亭等十几处园林景点。始建于 1885 年的名刹弘法寺也在其中。

1992 年，邓小平同志在仙湖植物园亲手栽下的榕树如今已枝繁叶茂，“邓小平手植树”也成为游览仙湖的重要打卡点。

梧桐山

[登梧桐，观烟云]

梧桐山横跨深圳罗湖、龙岗、盐田三区，主峰大梧桐山海拔 943.7 米，是“深圳第一峰”。因雨水丰沛，山谷溪涧众多，山中雾气蒸腾，烟岚飘荡；登上山顶，远方的城市与山峦若隐若现，“梧桐烟云”也因此成为“深圳八景”之一。

梧桐山在明、清史书、方志中有大量记载，“梧岭天池”在明代就是“新安八景”之一。梧桐山国家森林公园现为国家级风景区，有鸳鸯谷、兰花溪等数十个景点，景象各异，不胜枚举，山门对联“雾绕云缠风光独秀尘嚣外，谷幽峰峻画意千重仙境中”，大致能概括梧桐山的美景。

凤凰山

[凤山福水福盈地]

凤凰山森林公园位于宝安区福永镇凤凰村，是深圳市规划重点建设的“八大森林公园”之一，目标是建成深圳最具吸引力的郊野森林公园，有“宝安第一山”的美誉。凤凰山风景区由山下宝塔胜景区、山中古庙胜景区和山顶晚霞胜景区三部分组成。古庙胜景区是凤凰山风景区的主体部分，以始建于元代初期大德年间的凤岩古庙为主体，殿宇恢宏，香烟缭绕，晨钟暮鼓，是深圳及周边地区重要的佛教文化中心之一。凤凰山继承数百年的“福文化”，源于元末明初对文天祥的祭祀，凤岩古庙是深圳非常重要的一处祈福胜地，因此，凤凰山也被称为“凤山福水福盈地”。

马峦山郊野公园

[人称深圳“小九寨沟”]

马峦山郊野公园位于坪山区，西与盐田区三洲田水库相接，东至葵涌街道，南邻深圳东部黄金海岸。马峦山郊野公园大部分山峰都在海拔 500 米以下，有深圳最大的瀑布。是深圳首个政府批复建设的郊野公园，也是深圳第一个经专业园林规划设计的郊野公园。

马峦山郊野公园是深圳市最大的郊野公园，拥有“深圳第一瀑布”以及“千亩梅园”等著名景点。 以“绿色马峦山，生态健康游”为主题，以远足登山、观海观瀑为特色，建成集旅游休闲、野外健身、自然生态教育为一体的市级郊野公园，被称为深圳“小九寨沟”。

游乐场

锦绣中华民俗村

[人送外号“小人国”]

锦绣中华是中国最早的文化主题公园，园中的 82 个景点均按中国版图位置分布，大都按 1：15 比例微缩复制。民俗文化村是中国第一个荟萃各民族民间艺术、民俗风情和民居建筑于一园的大型文化旅游景区。2003 年元旦两园合一，只需一张门票即可观赏两园。

世界之窗

[你给我一天，我给你一个世界]

由世界广场、亚洲区、大洋洲区、欧洲区、非洲区、美洲区、世界雕塑园、国际街 8 大区域构成，有按照比例建造的世界景点 130 多个，10 大娱乐参与项目、大型广场晚会、异国风情表演、主题文化节庆活动等，带你一日玩遍全球。

欢乐谷

[激情无限，欢乐谷见]

一个亦真亦幻的欢乐世界，一次惊心动魄的欢乐历程，这里就是繁华都市的开心地，是一座融参与性、观赏性、娱乐性、趣味性于一体的中国现代主题乐园。欢乐谷是首批国家 5A 级旅游景区，乐园分为西班牙广场、魔幻城堡、冒险山、金矿镇、香格里拉、飓风湾、阳光海岸、欢乐时光和玛雅水公园 9 大主题区，共有 100 多个游乐项目。

东部华侨城

[藏在都市的生态乐园]

东部华侨城俯瞰大梅沙黄金海岸，背倚青翠挺拔的梧桐山脉，借助滨海山地的自然空间，结合生态、科普、体验等先进开发理念，巧妙规划了大侠谷、云海谷、主题酒店群、茵特拉根水疗 SPA、天麓大宅 5 大主题区域，是国内首个集休闲度假、观光旅游、户外运动、科普教育等主题，及集山地郊野公园与都市主题乐园于一体的世界级度假旅游目的地，是由生态环境部和国家旅游局联合授予的国内首个“国家生态旅游示范区”。

野生动物园

[人在桥上走，动物满地跑]

深圳野生动物园是中国第一座集动物、森林、植物、科普等多种特色和观赏功能为一体的，具有亚热带新型园林生态环境系统的国家 4A 级旅游景区。

园内动物有 300 多种，近万头（只），有不少属于世界珍禽名兽和中国一、二级保护动物，如华南虎、金丝猴、东北虎、火烈鸟、麦哲伦企鹅等，还有动物园自己繁殖的珍稀虎狮兽、狮虎兽。

光明农场

[深圳唯一的“农村”]

深圳是中国唯一一座城镇化率 100% 的城市，光明农场就是深圳唯一的“农村”。农场占地 55 平方公里，拥有 31 平方公里山林，上万亩果园，森林覆盖率达 70%，7 个姿态各异的大小水库和众多的鱼塘如明珠般洒落其中，农场内除了自然田园风光，还有亚洲最大的鸽子城、牛奶生产基地、万亩荔枝园等，可喂养奶牛，了解蚕桑文化、观看奇异瓜果，还有全国最大的滑草场和滑车场。光明农场是集观光、休闲、度假、体育健身于一体的生态旅游区。

儿童乐园

[遛娃圣地还免费]

儿童乐园是一个以儿童游乐为主题的公益性、开放式的主题公园，是深圳最大的儿童游乐场所，在各大“妈妈论坛”上的口碑都名列前茅。园内分为游乐区、水上乐园区、林地生态游乐区和自然探秘游乐区 4 大区域。

儿童乐园免费对市民开放，小火车、鲨鱼岛、卡丁车等几个适宜低龄儿童游玩的项目也实行免费开放。其他收费游乐项目还包括双层转马、海盗船、自控小飞象、逍遥水母、碰碰车等。王子船活动广场整体宽敞，非常适合小朋友们撒欢儿跑，也是乐园的“颜值担当”。

邮轮码头

[坐邮轮，畅游大洋]

坐邮轮畅游大洋，不仅能面朝大海放松身心，还能在高水准的服务和舒适的邮轮空间里感受途中各地的风土人情，成为不少人休闲旅游的首选。深圳出发的邮轮主要集中在蛇口邮轮母港，目前共有 3 条“湾区海上游”航线，分别为前海湾航线、深圳湾航线、港珠澳大桥航线，同时，不定期开行 3 条国际邮轮航线，分别为日本冲绳航线、越南岘港航线、菲律宾马尼拉 / 长滩岛航线。

游艇基地

[驾帆船，乘风破浪]

驾驶帆船或游艇出海乘风破浪，是只有在海滨城市才能感受到的快乐。深圳浪骑游艇会是国内最早的会员制海上游艇俱乐部，拥有 275 个游艇泊位，是国内大帆船运动的起源地。2002 年首届深港帆船拉力赛的举办拉开了国内大帆船赛事的序幕，2003 年国家体育总局授予浪骑“国家水上运动训练基地”称号。想要体验乘风破浪，亲自体验驾帆远洋的快感，浪骑是绝佳选择。

同时，深圳还拥有深圳湾游艇会、大梅沙湾游艇会、七星湾游艇会等众多海上游艇基地。

玩转乐园黄金周

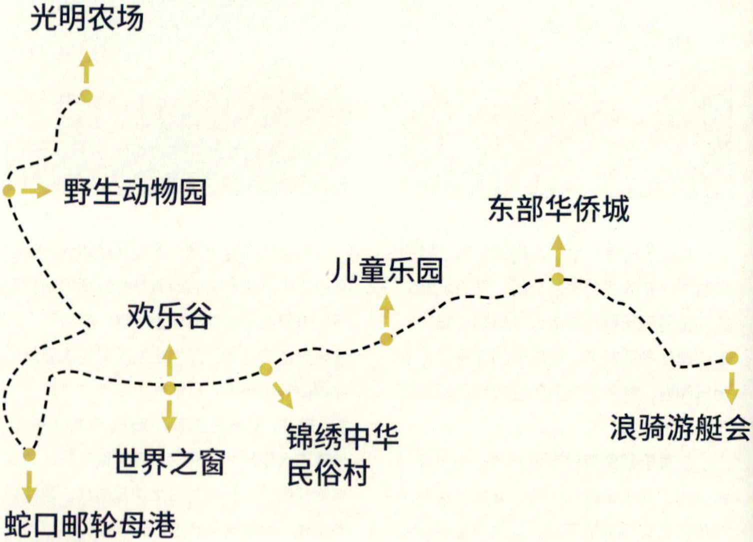

[运动 ⟷ 达人]

Shenzhen

扫码了解
深圳体育事业总体情况介绍

观个赛

在深圳这座年轻的城市，体育赛事一直与我们的生活紧密相连。深圳曾举办 2011 年世界大学生运动会、2019 男篮世界杯、WTA 年终总决赛、中国杯帆船赛等世界顶级赛事，也曾连年举办国际冠军杯、法国超级杯，以及 NBA 季前赛中国站，米兰双雄、拜仁、巴黎、湖人、篮网、勇士、森林狼甚至乔丹和他的黄蜂，都曾在深圳作赛。

同时，深圳目前有 19 个传统职业体育俱乐部和 3 个电竞俱乐部正在征战全国联赛，作为体育迷，深圳的这些赛事中总有一项是你心头最爱。

中国杯帆船赛

[帆船赛的名字叫“中国”]

中国杯帆船赛于 2007 年创立于深圳，是首个由中国人创办的大帆船国际赛事，是唯一获得政府认可的以“中国杯”冠名的高端体育品牌赛事，亦是被列入“国际帆联”赛历的重要赛事。赛事经国家体育总局批准，由国家体育总局水上运动管理中心和深圳市文化广电旅游体育局共同主办，一年一届，在深圳大亚湾海域进行，迄今为止已成功举办 13 届，曾多次荣获“亚洲最佳帆船赛”，成为中国递给世界的一张崭新的文化名片。赛事的附属活动丰富多彩，蓝色盛典、时代骑士勋章授勋仪式、亚洲航海文化发展论坛、名人高尔夫邀请赛等一系列文化时尚活动在赛事期间同时举行，打造真正的“海洋嘉年华”。2014 年，中国杯帆船赛首创青少年公开赛，开始致力于全面培养“帆二代”。

中超—深足

［第一运动，中超冠军］

成立于 1994 年的深圳市足球俱乐部，曾创造过两年三级跳的奇迹，也书写过中超元年冠军和亚冠四强的辉煌，曾雪麟、车范根、朱广沪、特鲁西埃等名帅曾执教深足，朱波、彭伟国、谢峰、李玮锋、李毅、杨晨、郑智等国脚也曾效力深足。深足在中国职业联赛中虽几经沉浮，但其意志却如所生长的这座城市一样，闯劲十足，韧劲十足。

在刚刚过去的 2022 赛季中超联赛，拥有当红国脚戴伟浚的深足成功保级，将继续征战 2023 赛季，去主场为深足加油吧。

CBA—深圳新世纪男篮

［江山代有才人出］

深圳新世纪男篮 2015 赛季落户鹏城，开始征战 CBA 联赛。在群雄林立的 CBA 联盟中，深圳新世纪打造了中国最顶尖的青训体系，培养出了李慕豪、沈梓捷、贺希宁等国手级球员，可谓年年都有人才出，辈辈都有扛旗人。

2021—2022 赛季，深圳新世纪一举冲进季后赛并只差一步进四强。2022—2023 赛季，深圳新世纪对外援阵容进行调整，并引进老牌国手周鹏，赛季前被认为是夺冠热门之一，虽然第一阶段因为大面积伤病等原因战绩不如预期，但接下来的赛程，有了你的助威，深圳新世纪可能会带来更多惊喜。

乒超—深大乒乓

[孙颖莎、陈梦，都在深大]

乒乓球是中国的“国球”，都说全国冠军比世界冠军更难拿，但深圳的深大乒乓球俱乐部，却是中国乒坛真正的王者之师。

目前，孙颖莎和陈梦两位东京奥运会冠军均效力于深大，东京奥运会女单决赛前，就有人说深大已经包揽了奥运女单金银牌，加上何卓佳和孙艺祯两位实力干将和未来之星纵歌曼，这群“大魔王”联手组成了世界乒坛最顶尖的阵容。2020 年至 2022 年，深大在乒超联赛中连续 3 年闯进决赛，并在 2020 赛季拿下乒超冠军。

女排—深圳中塞

[国际化的女排，符合深圳气质]

女排是中国体坛的一面旗帜，女排赛事在深圳也拥有超高人气。深圳曾经是中国女排冠军球队八一女排的主场，在八一女排北迁后，2021 年成立的中塞女排成为深圳人的子弟兵。

中塞女排是中国首支排球俱乐部以和一支国家队合作的形式共建球队，“中塞”的名称正来源于此，通过与塞尔维亚国家排协的国际化技术合作，提高球队的竞技水平，搭建深圳和“一带一路”国家体育交流的桥梁。深圳中塞在 2021—2022 首次参加排超获得第 8 名。

冰球—深圳昆仑鸿星

[为国养士，坐镇深圳，征战欧美]

深圳昆仑鸿星冰球俱乐部于 2017 年成立并落户深圳，先后代表深圳征战加拿大女子冰球联赛（CWHL）、俄罗斯女子冰球联赛（WHL）等国际女子冰球联赛，在 2019—2020 赛季 WHL 夺得冠军；2022 年北京冬奥会赛场，16 名广东深圳籍冰球运动员成为女子冰球国家队中坚力量，带领中国女冰时隔 12 年重返冬奥会赛场；冬奥会后，中国女子冰球队在 2022 年世界女子冰球锦标赛上五战全胜夺得甲级 B 组冠军，时隔 11 年重返甲级 A 组。此次世锦赛的国家女子冰球队 17 名运动员有 16 名来自深圳昆仑鸿星冰球俱乐部。2022 年 6 月，深圳昆仑鸿星女子冰球项目获评广东省体育产业示范项目。

深圳部分职业俱乐部

深圳南岭铁狼足球俱乐部	→	五人制足球亚冠四强
深圳宝安明金海男排俱乐部	→	男子排超参赛队
深圳羽众羽毛球俱乐部	→	羽超联赛第 6 名
深圳海狼帆船俱乐部	→	4 次获得国际大帆船赛冠军
深圳市鹏城国际象棋俱乐部	→	2022 国象甲级联赛进入总决赛
深圳南港动力桥牌俱乐部	→	多次全国 A 类俱乐部联赛冠军
V5 俱乐部（英雄联盟）	→	2022 春季赛冠军，赛季季军
DYG 俱乐部（王者荣耀）	→	2020 年 KPL 联赛总冠军
STE 俱乐部（和平精英）	→	2021 S4 赛季总决赛冠军

锻个炼

深圳人爱运动是有目共睹的，公园里、海岸边、运动场内，你随时都能看到挥汗如雨的深圳人。作为全国首批荣膺“全民运动健身模范市”的城市，以及国家体育消费试点城市，深圳始终致力于打造群众身边的体育生态圈，让全民健身更普及、更亲民、更深入，使全民健身、共享健康成为全社会的共识，成为人民群众在新时代追求更高生活质量的新时尚。

2021 年体育场地普查数据表明，当前深圳市建成各类体育场地数量 30411 个，体育场地面积 3023 万平方米，人均体育场地面积 1.72 平方米，建成近 60 套室外智能健身房，深圳正全力确保到 2025 年，全市人均体育设施面积提高到 2 平方米以上。同时，深圳也推出居家健身“云”运动模式和“碎片化”运动理念，全天候全时段满足市民健身需求。

居家健身“云”运动
工间“碎片化”运动

美好生活的前提和基础是健康生活，深圳市文化广电旅游体育局群体处推出“健身齐抗疫，宅家动起来”系列视频，受到广大市民群众积极响应。2022 年春节期间，深圳通过举办 2022 年深圳市线上运动月主题系列活动，利用网络平台，打破地域限制，面向全市和全国运动爱好者，引领 150 余万市民“动起来”。

2021 年，深圳市文化广电旅游体育局首次提出“碎片化”运动理念，以工间“碎片化”运动为重点，开展企业员工特色健身活动，受到市民点赞。

室外智能健身房

2021 年 10 月，莲花山公园西区室外智能健身房正式启用，免费向市民开放，这套集合了人工智能、物联网、云计算、大数据、区块链等技术的健身房，设有体测中心和训练中心。体测中心通过体质数据测试，生成专业化、个性化的测试报告和训练方案；训练中心内含 10 多种智能化的健身器材，方便市民进行有氧运动或抗阻训练。

建成 1 年多来，这里已为超 100 万人次市民提供健身服务。同时，全市目前已陆续建成近 60 套同样的室外智能健身房，计划 2025 年将建成不少于 300 套，实现市区全覆盖。

深圳市体育中心

包括深圳市体育场、深圳市体育馆、深圳市游泳跳水馆、深圳市网羽中心，是政府举办各类大型公共活动的主要平台，也是市民文体活动的主要场所，为市属运动队和广大市民提供多元化的体育运动、健身娱乐服务。目前体育场和体育馆处于升级改造中。

大运中心

2011 年大运会主赛场，深圳多支职业俱乐部主场。包括主体育场、主体育馆、游泳馆、大运湖以及全民健身广场、体育综合服务区等体育设施。

福田体育公园

占地 6.3 万平方米，分为综合体育馆（11 片标准羽毛球场，可容纳 3500 名观众）、室外灯光体育场（含 400 米塑胶跑道、标准式人工草足球场 1 片、固定座位 5000 个）、室内恒温游泳馆（含 50×25 米标准池及儿童池各 1 个）及综合大楼 4 大主体建筑，可进行居民健身和举办各类体育赛事。

深圳湾体育中心

俗称“春茧”，是 2011 大运会的开幕式场馆。以一体化的体育场、体育馆、游泳馆“一场两馆”为主体，面对广大市民开放，成为全民健身的核心场所以及国内外大型体育赛事的重要赛场。馆内常年开展游泳、足球、篮球、羽毛球、击剑、棒球等多项体育运动。

罗湖体育中心

罗湖体育中心包括罗湖体育馆、网球中心和体育休闲公园。其中，罗湖体育馆是罗湖区兴建的第一座体育馆，是一个集公益活动、文体活动以及培训、休闲活动于一体的公共服务平台。

观澜湖
高尔夫球会

横跨深圳、东莞的观澜湖高尔夫球会，成立于 1992 年，荣膺“吉尼斯世界第一大球会”，国家 5A 级景区，总占地面积 20 平方公里，216 洞 12 大球场，是世界最大，也是唯一汇聚五大洲球场风格的高尔夫球会。

体育场地预约平台

依托“i 深圳”政务服务平台，整合全市社会、学校等各类体育场馆资源，创新构建“一网统管、一键预约”体育场馆预约平台。

第一步：下载“i 深圳”App，注册并登录。

第二步：在首页中找到“体育场馆预约”，点击并进入订场列表。

第三步：确定场地、时间后即可在线支付，完成订单。

第四步：通过场馆页面内一键导航功能可直接导航至预定场馆。

参个赛

深圳马拉松

[金牌赛事，力争金牌]

深圳马拉松由中国田径协会认证，深圳市政府主办，2013 年首届办赛，2015—2018 年已连续 4 届被中国田径协会评选为金牌赛事，2016—2019 年依次获得国际田联铜、银、金标赛事。

2022 年全新的深马，全新的线路，42.195 公里的马拉松赛道，从莲花山脚下的市民中心出发，奔向大湾区中心的前海石公园，寓意深圳在建设粤港澳大湾区和社会主义先行示范区的“双区”驱动下，继续奋勇向前，开启新时代的百年征程。

深圳百公里

[用双脚丈量深圳]

2001 年发起后，或从蛇口出发穿越深圳五区抵达东冲，或穿过新陂头南湿地公园、大陂河绿道和时间谷环绕光明区，一条 100 公里的徒步路线每年在延续和发展变化，从而演绎了每年一度经典的深圳百公里活动。

随着影响力的增强，深圳百公里已成为户外运动爱好者的嘉年华，也成了爱上深圳的另一个理由。

南山半程马拉松

[线下跑，也可以线上跑]

自 2015 年举办首届以来，赛事举办软硬件条件逐步提升，成为全国最具影响力的半程马拉松赛事之一。2017 年获评深圳市十大本土体育品牌赛事，2019 年获评中国田径协会金牌赛事。2020 年和 2021 年，受新冠疫情影响，南山半马创新性地采用线上线下结合的多元化办赛模式，冲破地域限制，覆盖全国参赛者，参赛人数累计近 50 万人。

南山半马路线设计融入高新科技园区、后海百强企业总部区、深圳湾畔滨海区域、西丽湖片区等典型区域，展现南山区作为创新型滨海中心城区独特的区位魅力。

“郑洁杯”全国青少年网球巡回赛

[现在去“郑洁杯”，未来打大满贯]

“郑洁杯”全国青少年网球巡回赛于 2010 年创立，2016 年起在深圳举办，是由两届大满贯冠军郑洁发起的面向全国青少年的网球比赛活动。6 年间，赛事累计超过 20000 名青少年参加，培养了 84 名国家青少年网球队后备队员、77 名国家青少年网球队队员、9 名国家青年网球队队员。赛事旨在推广、发展中国青少年网球，选拔网球人才。通过该青少年品牌赛事，利用竞赛促进训练，为深圳培植青少年体育后备力量提供有力保障。

“易建联杯”全国三人篮球赛

[像易建联一样扣篮]

“易建联杯”全国三人篮球赛是深圳体育名将易建联创办的全国性体育赛事。“易建联杯”从 2014 年开始已连续开展 9 年，从深圳出发走向全国，每年在全国多个城市落地。自创办至今，参赛队伍累计超过 1.2 万支，报名人数超 10 万人，参赛人数超 6 万人，每年通过网络直播观赛人数超过 3000 万人。正是凭借知名运动员易建联的知名度和影响力，赛事品牌影响力有效提升，让深圳市民开拓了文化视野，提升文化内涵。

“福田杯”雷声击剑公开赛

[五千剑客，深圳“论剑”]

“福田杯”雷声击剑公开赛是奥运会花剑冠军雷声受邀担任福田区体育顾问后，为福田区引进的首个击剑品牌赛事。2020 年创办至今，累计数百家击剑俱乐部超过 5000 人报名参加比赛。此项赛事，充分展现了福田区良好的体育文化氛围和全民参与国际顶级体育赛事的积极景象，为深圳打造国际击剑运动城市名片。

“体彩杯”高校校友会足球赛

[踢足球，献爱心]

中国体育彩票·深圳高校校友会足球赛作为深圳本土赛事 IP，致力于搭建起“以球会友”的平台，促进深圳业余足球发展。

深圳体彩践行责任彩票理念，通过筹集体彩公益金，积极支持各类体育赛事和活动，大力推动深圳体育事业发展，为深圳建设国际著名体育城市贡献力量。赛事期间每进一球，主办方筹集 100 元爱心助力金用于购买体育用品，帮助乡村学校改善体育教学环境。

城市足球联赛

[从“草根”到职业的跨越]

已搭建起深超、深甲、深乙联赛三级体系，并与中国足球职业联赛衔接。深超联赛排名靠前的俱乐部，可通过参加中冠联赛竞争中乙联赛参赛资格，实现从“草根足球”晋级职业足球平台的跨越。

比赛在深圳市青少年足球训练基地“专业竞赛”级场地进行，参赛球队可以享受到一流的硬件设施和比赛氛围。深圳足协派出高水平裁判执法，做好赛事组织和提供有力保障。

包括深圳“足协杯”“深圳杯”业余足球联赛、五人制足球锦标赛在内的深圳业余联赛、杯赛体系不断升级，赛事保障越来越完善，为足球爱好者提供专业的赛事平台。

X9 赛艇联赛

[培育本土名校体育 IP]

2022 年 11 月 5 日，深圳西丽湖国际科教城 X9 高校院所联盟成立仪式暨首届 X9 赛艇联赛在大沙河生态长廊赛艇广场举行。

赛艇运动是一项有着深厚的校园文化积淀，体现团队精神的体育项目。作为深圳倾力打造的体育赛事品牌，这项赛事进一步促进深圳高校间交流合作，促进赛艇运动的普及和推广，助力深圳建设国际化著名体育城市。

首届联赛项目为八人单桨 800 米双赛道竞速赛，设置学生组与专家组两个组别。首届赛事的参赛选手不仅有高校师生和科研院所人员，更有张锦、丁文华、张学记等多名院士加入。赛事采用总积分制，设永久性总冠军奖杯，每一届获得总冠军的学校或单位名称将被篆刻至杯身。

追个星

刘虹

[“妈妈级”的竞走天后]

4 次出征奥运会，分获里约奥运会金牌、伦敦奥运会银牌、东京奥运会铜牌和北京奥运会第 4 名；7 次出战世锦赛，收获 4 金 1 银；她还在 2022 年 7 月 16 日收获了吉尼斯世界纪录颁发的两张证书：“女子 50 公里竞走速度最快”和“获得国际田联竞走挑战赛冠军最多的女性运动员”。

深圳“竞走天后”刘虹的运动生涯荣誉等身，更让人感到吃惊的是，其中不少是在她于 2017 年产女后复出获得，包括 2019 年打破女子 50 公里竞走世界纪录，成为该项目首位迈入“4 小时”大关女运动员的壮举。因此，她也成为中国田径迄今首个“妈妈级”的世界冠军。

有人说，人生就是一场向着顶峰的不断攀爬，而刘虹的人生却是一直在越过一个又一个的顶峰。35 岁的刘虹如今已告别了竞技场，但赛道上，会一直有着她的传说。

陈定

[公路上的“博尔特”]

北京奥运会百米飞人决战中，博尔特冲线时的回头望月，成为奥运史上永恒的经典，但一名深圳竞走选手在奥运赛场上留下的经典一幕，甚至比博尔特更加霸气。

伦敦奥运会田径男子 20 公里竞走决赛，率先展开冲刺的陈定在距离终点还有 2 公里时就确立了不可撼动的优势。对手全部被远远甩在身后，赛场此时成为陈定一个人的舞台，他的双腿依然在极速迈进，但双手却分明在宣告这场巅峰对决已经提前结束：他时而振臂高呼，时而与赛道边的观众击掌相庆，时而伸出食指，“嚣张”地向世界宣布“我是第一！”

那一天，正好是陈定 20 岁的生日。10 年后，深圳的跑友经常会在长跑活动中认出，在前面领跑的就是这位奥运冠军。

何姿

[还记得那场全球直播的求婚吗？]

在高敏、伏明霞、郭晶晶、吴敏霞之后，何姿曾经是“跳水梦之队”的又一代领军人物，里约奥运会上获一金一银。但在里约，给全世界观众留下印象最深的，却是在领奖台下的何姿。

女子单人 3 米板颁奖仪式刚刚结束，挂着银牌的何姿面色稍显遗憾，不料此时，男友秦凯竟迎面跑来，并做出了一个堪称疯狂的举动：捧着钻戒，单膝跪地，来了场全球直播的求婚。在全世界的祝福声中，何姿含着热泪戴上了钻戒。嫁给爱情的何姿如今早已为人母，但在众人眼中，她依然是那位美如少女的“跳水公主”。

肖俊峰

[打封闭拼下深圳首金]

2000 年悉尼奥运会体操男团决赛，肖俊峰带伤上阵，帮助中国队勇夺男团金牌，并实现了深圳奥运金牌“零的突破”。

自幼天赋异禀的肖俊峰 10 岁进入深圳市体工队，13 岁进入国家队，不仅动作难度高，而且完成质量好，特别是其掌握的前空翻两周半转体 180 度和前手翻接直体前空翻转体 900 度两个世界顶尖难度的跳马动作，助其连夺世锦赛和世界杯冠军，被誉为“跳马王子”和“跳马教科书”。

随之而来的悉尼奥运会，在跳马、自由体操和团体多个项目均实力出众的肖俊峰，一度被认为是“多金王”大热门，但在男团预赛时，他在自由体操比赛中意外扭伤脚踝。在名单无法更替的情况下，脚踝水肿已呈紫黑色的肖俊峰打封闭上阵，“就算腿断了，也要把动作做好！”咬牙完成比赛的肖俊峰，最终助力中国男团首夺奥运冠军，也拼下了深圳体育史上的奥运首金。

汤慕涵

[东京泳池起飞的“鱼”]

在东京奥运会游泳女子 4×200 米自由泳接力决赛中，深圳小将汤慕涵与队友杨浚瑄、张雨霏和李冰洁搭档，以破世界纪录的 7 分 40 秒 33 的成绩，摘下深圳选手在东京奥运会上的首金，这也是广东史上首枚奥运游泳金牌。

汤慕涵和李冰洁的主项是 400 米自由泳，杨浚瑄在 200 米自由泳单项决赛无缘奖牌，蝶泳主项的张雨霏更是刚刚拼完一场决赛，事先没有人看好中国队。但姑娘们却不认命！

首棒的深大学子杨浚瑄率先爆发，第一个完成交棒。第二棒该汤慕涵出场了，身边的澳大利亚名将麦基翁很快超越了她，看起来“理所当然”地抢占了领先并逐渐扩大优势，而后面的美国队和加拿大队也越追越近，但汤慕涵依然游得不紧不慢。直到最后一个 50 米，汤慕涵按照既定战术开始全力冲刺，她就像一条起飞的“鱼”，迅速甩开了所有对手，一举奠定了中国队的胜势。

汤慕涵的“起飞”，是东京奥运赛场最感动中国的画面之一，但这仅仅是一次起飞，她的教练杨立平说：“下一届巴黎奥运会她 21 岁，那才是她的鼎盛时期。”

王柳懿 / 王芊懿

[双姝并蒂，四开金花]

在 2022 年布达佩斯游泳世锦赛花样游泳 4 项决赛中，双胞胎姐妹花王柳懿、王芊懿 6 天之内 4 夺金牌，彻底打破了中国花样游泳顶级大赛奥运项目无缘金牌的历史。

血缘让王柳懿和王芊懿在双人项目上具备了天然的优势，即使姐姐王柳懿因伤缺战东京奥运会，她给妹妹的不断鼓励，也是王芊懿勇敢应战的最大动力。王柳懿伤愈复出后，姐妹花终于再度联手，没想到竟然在世锦赛上连创奇迹，“虽然兼项很累，但我们能互相鼓励、互相支持，感觉靠得更近了。”姐妹俩表示，世锦赛金牌只是起点，她们的目标，是全力帮助中国花游圆梦巴黎。

滕巍

[延续铿锵玫瑰之魂]

一记令人拍案叫绝的远程吊射，一次惊艳无比的脱衣庆祝，一条让男足汗颜的“马甲线”……2003 年女足四国赛上，29 岁的滕巍完成的国家队处子秀，已是中国女足的名场面。虽然大器晚成，但她当时却被誉为“孙雯接班人”，在很长一段时间内，都是中国女足锋线上的实力担当，扛起中国女足，再度唱响《铿锵玫瑰》。

20 年后，早已离开赛场的滕巍却仍没离开球场，她在深圳开办足球学校，培养足球人才，甚至通过公益活动把足球带进山区，用自己的能量为怀揣足球梦想的孩子点亮前进之路，延续铿锵玫瑰之魂。

陈佩娜

[坚持，让“菜鸟”学会乘风破浪]

“乘风破浪的姐姐”很火，但真正会乘风破浪的“姐姐”，名叫陈佩娜。

女子帆板 RS:X 级世锦赛冠军、亚运会冠军、里约奥运会亚军，作为中国帆板的一代领军人物，陈佩娜的运动生涯堪称精彩。但在 2000 年时，羽翼未丰的陈佩娜第一次“试飞”就差点折翼。当时 11 岁的陈佩娜第一次参加广东省比赛，没想到中午 1 点开始的比赛，大多数选手都在冠军冲线后 10 分钟内就完成了比赛，只有陈佩娜一直划到下午 5 点仍未到达终点。比赛的“硬标”时间早已过去，已经下班的裁判只得叫陈佩娜划回岸边，“考了 0 分”的陈佩娜一边流着泪一边许下心愿：将来我一定要拿到奥运奖牌！

坚持，最终让“菜鸟”学会了乘风破浪。5 年完成从省队到国家队两连跳，拿到全运会、亚运会、世锦赛冠军，并最终实现奥运奖牌的梦想，陈佩娜终成帆板上的一代传奇。

市文化广电旅游体育局官网

※ 可通过微信公众号、小程序、网站、APP 等渠道获取更多资讯

[山盟 ⟷ 海誓]

有山有海的深圳，自带“山盟海誓”的浪漫气质，在这样一座充满活力的城市里来一场深情邂逅，把足迹印在都市的各个角落，然后用一生共同画出未来的无限可能，这算不算最美的人生？

约会吧

带上 TA 去剧场看日出

坐落于望海路的“日出剧场”，是深圳看晨曦的最佳地点。一片开阔的草坪一直延伸到一溜环抱着它的弧形小山坡上，就像是渐渐走高的剧场看台，往“银幕”的方向望去，正是静谧的深圳湾，小山带来的视角升高，让海面显得更加广阔，更远的地方，依稀可见福田区的摩天楼群，充当着日出绝佳的前景。

当天空由梦幻的粉紫色渐渐变为橙色，远山近海的轮廓也渐渐变得清晰，不久之后，阳光就会跳出城市的轮廓线洒向海面，与他或者她并肩坐在草地上，一起记录下城市的第一抹光。你们此时所想，是否要在这东升西落的往复中，白头到老？

摩天轮到顶
该掏戒指了

地处前海核心的“湾区之光”摩天轮，堪称深圳地标建筑中的“流量新星”。

预订一个花艺主题轿厢，把 16.8 平方米的空间铺满花瓣，牵上你的爱人，透过 360 度全景太空舱饱览深圳西部 45 公里的美丽海岸。当金辉渐渐铺满海面，此时，摩天轮应该已经缓缓升到了 128 米高的顶端，是时候掏出戒指了，此时你得到的承诺，可能就是一生一世。

去杨梅坑借一套婚纱

有“深圳世外桃源”之称的杨梅坑，位于被《中国国家地理》杂志评为中国“最美八大海岸之一”的大鹏半岛，周星驰的电影《美人鱼》和深圳人的婚纱照，都以此为主要取景地。

杨梅坑位于南澳七娘山脉与老虎坐山之前，正尾坑和大坑湖两条溪谷的交汇处，有一片长满杨梅的山丘，杨梅坑因此得名。身处杨梅坑，仰而望山，俯而听涛，既有细软沙滩，又有狂野海崖，可望碧水接天，观游鱼如梭，也可骑行御风，乘帆破浪。

带上你爱的人去杨梅坑尽享绝美风光，或许会突发奇想，向正在拍照的新人借来一套婚纱，说不定你牵回的就是伴你终生的新娘。

情人岛里出西施

情人岛，仅凭这个名字就是约会圣地，但它偏偏还要凭实力。

情人岛是一个与西冲月半湾隔海相望的小岛，需要搭乘快艇前往。虽然岛屿面积仅 100 亩，却拥有深圳第二大的红树林，岛上鸟语花香，野果累累，加上辽阔无边的碧海蓝天，绵绵细沙的银白海滩，伴着咸咸海风的翻飞海浪，以及充满浪漫气息的水边木屋，你会迅速地爱上这里，爱上与你同行的她。

假装去荷兰送束玫瑰花

荷兰花卉小镇位于南山区，是由南山花卉世界改建而成的荷兰特色街区。小镇房屋都参照荷兰建筑样式，色彩艳丽，双折线屋顶、老虎窗……当然还少不了地道的“荷兰三宝”——木鞋、风车、郁金香。

携手情侣路过连排的花店，伸手买来一束艳丽的红玫瑰，换回的可能不仅只有美人的嫣然一笑。

婚姻登记预约入口

幸福里

[去“最美登记处”，给爱情找到最好的归属]

香蜜公园，在“千园之城”也算是超浪漫的公园了，玫瑰园、花蜜湖、空中走廊……更让青年男女心向往之的，还有公园西南部的福田区民政局婚姻登记中心。

这里因其漂亮的婚庆礼堂，被称为“最美结婚登记处”。婚庆礼堂分为中式和西式。中式礼堂是传统的对称结构，圆拱门象征着圆圆满满，满眼喜庆的红色让人感到甜蜜幸福。西式礼堂则通过全落地玻璃窗与窗外的湖面融为一体，映衬着米黄色的内墙，尽显浪漫风情。

幽静的香蜜湖畔，被绿树掩映的圣洁的婚庆礼堂，正等着见证深圳人来找到爱情的归属。

[消费 ⟷ 天堂]

Shenzhen

《深圳商务这十年》
一图浏览

深圳旅游网
（深圳游客中心）

※ 可通过微信公众号、小程序、
网站、APP 等渠道获取更多资讯

购物城

深圳是个“消费天堂”

深圳市商业从东边的中英街、东门老街兴起，友谊商城在 20 世纪 80 年代号称“罗湖第一楼”，20 世纪 90 年代，华强北商圈被誉为“中国电子第一街”，2000 年后，购物中心相继涌现、遍地开花。

根据深圳市商务局截至 2021 年的统计数据，深圳现有 5000 平方米以上的购物中心 272 个，5 万平方米以上的购物中心 132 个，深圳万象城等 4 家入选 2021 年度全国购物中心销售额排行榜 Top50，中国连锁 Top100 有 6 家总部在深圳，中国超市 Top100 深圳企业品牌有 7 家，中国购物中心企业 Top70 在深布局品牌有 15 家，堪称“消费天堂”。

扫码了解
深圳市批发零售行业上榜企业介绍

欢乐海岸

[像艺术家那样生活]

深圳欢乐海岸在设计之初就提出“把海洋还给深圳”的构思，采用深海引水的创新工程，将蓝色纯净的海水引入繁华都市中心，形成面积约 70 万平方米的海水湖，结合华侨城湿地和椰林沙滩，形成极具滨海特色的自然景观。

30 多万平方米主题商业群依湖而建，包括狂欢广场和创意展示中心等地标建筑，O'PLAZA 和曲水湾等商业街区，以及水秀剧场、海洋奇梦馆等畅玩空间，通过环境友好的建筑设计，开创性地将商业街区、主题公园、文化体验以及生态湿地融为一体，打造自然与人文交融的活动体验，创造多维度的生活体验场域，辅以无处不在的艺术与文化氛围，将“像艺术家那样生活”的理念传递给大众。

深业上城

[购物、吃住、拍大片]

云集了全球第一家无印良品酒店、深圳唯一索尼直营店、中国第三家老佛爷百货、深圳首家文华东方酒店的深业上城，在规划之初就明确了以复合业态抢占商业市场的概念。不过，相比商场和酒店，深圳人更喜欢位于商场顶楼的户外小镇。

小镇由 20 多栋 3 至 4 层的小型独栋建筑错落组合构成村落，通过空中廊桥连通莲花山和笔架山两座“城市绿肺”。其独特的蒙德里安设计风格，以红、橙、黄色等暖色调为主，并与灰白建筑形成对比，轻松就能拍出大片风。于 2021 年 12 月 25 日至 2022 年 1 月 3 日举办的“深圳设计周”，首次把主展场放在深业上城。

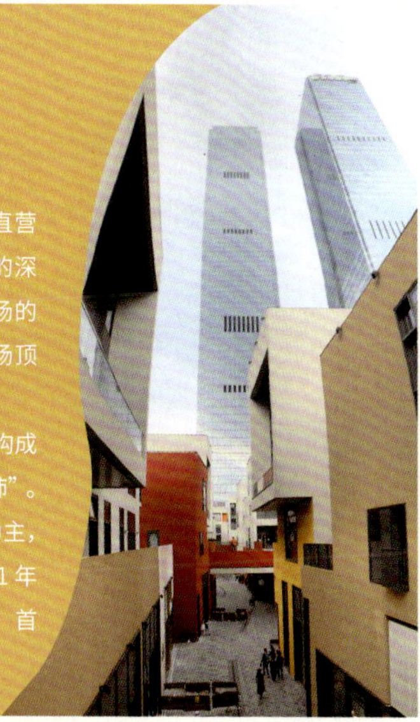

COCO Park

[是商场，也是公园]

2006 年，福田星河 COCO Park 创新打造出深圳首个公园式情景商业体，通过超前的设计视野，刷新了深圳市民的消费体验，同时也为深圳市场带来了全新的商业基因，让深圳乃至全国商业市场耳目一新。

从 2019 年开始，COCO Park 通过对装修、景观、导视系统、星空栈道和下沉露天广场的全面升级优化，融入更多自然元素，营造人文艺术气息，进一步突显“公园”概念。通过加入互动游戏、创意市集等多种形式，全面升级公园式休闲购物体验。

充分利用公园情景概念，COCO Park 不仅不断强化美妆、潮牌和餐饮三大板块，还为潮流青年客群量身定制打造酒吧街，打造 CBD 夜间潮流社交场，为深圳夜经济注入活力。同时，2021 年起，COCO Park 规划爱宠公园，建立爱宠公约，定期举办宠物交流会，通过宠物友好环境的营造，进一步提升了消费者对项目的好感度。

欢乐港湾

[滨海生活创想地]

坐落在前海核心区域，将海湾与绿地、城市与自然、文化与活力、休闲与商业有机融合的新一代综合体欢乐港湾，是继欢乐海岸之后，华侨城打造的又一力作。

欢乐港湾拥有“湾区之光”摩天轮、“湾区之声”深圳滨海艺术中心等多个地标性建筑，结合 27 万平方米海滨文化公园群，东岸和西岸两大滨海体验式商业街区，以及写字楼和企业独栋，打造出全新的集生活、工作、娱乐、休闲于一体的高品质滨海胜地，为深圳建设全球“最美滨海城市”提供了极具诗意的绿色生态创想，是“国际湾区之心，滨海生活创想地”。

万象城

[承包无数深圳人的“第一次”]

2004 年开业的深圳万象城，说是深圳大型综合性购物中心的“鼻祖”毫不为过，19 年来始终被深圳人所钟爱，因为这座超级购物中心已承载了深圳人太多的记忆。

这是深圳第一座与地铁接驳的购物中心，深圳人在这里第一次体验了出地铁就逛街的轻松自在；这里云集了深圳最全的国际一线品牌，不少深圳人的第一件奢侈品都是购自万象城；这里开了深圳第一座奥运标准室内滑冰场，不少南方人在这里第一次踩上了真冰……这里入驻了太多的深圳第一家、华南第一家、中国第一家、亚太第一家……

万象天地

[定义城市潮流天花板]

万象城一战成名，“万象系”在深圳遍地开花，万象天地、深圳湾万象城、万象汇……占据了深圳各大商圈“C 位”。作为与万象城同时入选 2021 年度全国销售额排行榜 Top50 的购物中心，万象天地在设计上打破了传统的大型室内购物中心形式，保留了大王古庙、郑氏宗祠等众多大冲原址居民文化遗迹，结合大型商厦和 10 座独栋旗舰店，打造“街区+mall”的创新商业空间，其漫步式街区为顾客带来良好的浸入式体验。万象天地还注重深化与快节奏都市人的感情连接，其广场上重达 30 吨的巨型“抱抱象”，已成为深圳有名的打卡地标。

深圳湾大街

[聚会娱乐的理想选择]

深圳湾大街西起文心广场，东至后海滨路，是一条贯穿南山中心区东西的两层长街，一层为人车共行，二层为步行街，串连了海雅百货、南山书城、茂业百货、海岸城、保利广场等新旧商业体，步行街上数百家中外餐饮品牌汇聚成潮流美食街。根据规划，深圳湾大街未来会跨过后海滨路，一直连接到“春笋”、深圳湾万象城和人才公园。

前海壹方城

[“大而全”是王道]

36 万平方米的前海壹方城，是深圳单体体量最大的购物中心，集饕餮美食、社交聚会、品质生活、时尚潮流、娱乐视听、儿童成长、人文创意、运动休闲 8 大业态于一体，以超过 400 家品牌的规模，打造“大而全”的“一站式”购物体验。2000 平方米的星辰馆引入了蔚来、特斯拉、比亚迪等 8 大新能源汽车品牌。壹方城保持了日均超过 10 万人次的庞大客流量，成为深圳人气最旺的购物中心之一，看来，“大而全”还是王道。

特产区

华强北

[花小钱办大事]

要评深圳最有名的一条街道，素有“中国电子第一街”美称的华强北当仁不让。从 20 世纪 90 年代的“一米柜台”，到 21 世纪初的“水货天堂”，发展到如今的科技时尚文化特色街区，诞生过腾讯、神州、TP-Link 等无数商业奇迹的华强北，一直在延续着造富神话，而这条主营电子科技产品的街道，甚至成为 3A 级旅游景区。

逛华强北，当然是买电子产品。华强北拥有 20 个各种类型的电子专业市场，涵盖了电子产业链上下游各个环节，对于电子产品商家，在这条街上就能完成所有的采购，而对于普通购物者，手机、电脑、相机……但凡与电子产品沾边的，你都能在华强北找到最低的报价。同时，华强北隔三差五就有全球首发的“黑科技”推出，花最少的钱能办最大的事。

当然，繁华的华强北不止卖电子产品，还有零售百货、特色餐饮、服装市场等多种业态，特别是零食交易市场，那是吃货们的扫货天堂。

北京时间
光明表达

走进深圳光明时间谷，一个与建筑融为一体、灵感来源于世界名画《记忆的永恒》的巨大时钟，提醒着来访者：你正身处“中国钟表之都”。

世界钟表看中国，中国钟表看深圳。早在 2002 年，钟表就作为先进技术和高新技术改造优势传统行业，在深圳规划建设基地。2003 年，飞亚达航天表搭乘神舟五号，随着宇航员完成我国历史上首次载人航天任务，也使中国成为继瑞士之后第二个能够制造航天腕表的国家。时至今日，光明时间谷企业在中国钟表“十强企业”中占 7 家，钟表品牌零售额占全国 70% 以上，手表产量占中国产量 53%、全球 42%。产业集聚，是深圳钟表业的取胜法宝。据统计，深圳钟表制造成表相关的配套零部件超过 95% 在本地生产，形成了完整产业链，具备研发设计、精密制造、试制检测、表面精细化处理、材料改性等全产业实力。

每年折扣季到时间谷买表，有意想不到的惊喜。

海吉星实现食材自由

位于平湖的海吉星农批市场素有“深圳菜篮子”之称，这里365天24小时不停歇运作，一分钟交易额超5.3万元，特别是水果蔬菜供应量占了深圳市场的90%以上。家禽肉类、时蔬水果，在这里都能以批发价买到，如果你会砍价或购买量大，还有更多优惠空间。周末约上朋友去海吉星来一场大采购，回家吃一顿酣畅的火锅大餐，冰箱里的存货还能满足一周的果蔬自由，下周你还去不？

海吉星服务平台

一站到家欧洲城

在南山区沙河东路以西、北环大道以北，有一个叫“欧洲城”的商业城，入驻的以欧洲企业居多，包括瑞典的宜家家居、英国的百安居、德国的麦德龙、法国的迪卡侬，也有深圳本土的香江家居和顺电等零售业巨头。

逛欧洲城最大的好处，是你能“一站式”地完成家庭用品的全部采购，从装修到家具，从家电到普通生活用品甚至运动器材，在这里都有不错的选择，特别适合刚到深圳需要快速安家的你。

横岗有个“眼镜王国”

无论是近视镜、老花镜，还是墨镜，几乎每个家庭都能找出一副眼镜。

在深圳买眼镜，必须去横岗。这里的眼镜年产量达 1.25 亿副，年产值 100 多亿元，产量约占全球中高端眼镜的 50%，拥有横岗、嘉宝、新马等大型眼镜批发市场，号称“眼镜王国”。作为生产源头，商场 1000 多元的眼镜，这里通常只需要两三百元就能买到。

珠光宝气当属水贝

“中国珠宝看深圳，深圳珠宝看水贝”。作为亚洲最大的黄金珠宝批发市场，水贝从来料加工到黄金贸易，再到自创品牌，逐步形成了完整且庞大的珠宝产业链，一步步发展为“宝都”。无数珠宝商都到水贝拿货，这里每天的黄金成交量都是按吨计算，声名日盛的水贝也正在规划建设中国水贝珠宝大街。

去水贝来一场珠光宝气的选购吧，价格那是真的香！

去艺展借个背景板

创建于 2000 年的艺展中心，目前已成为中国规模最大、品类最全、设计师采购频次最高的“一站式”家居平台。这里也正在成为全国最大的创意生活空间和美学基地。

这里的家居店很多是独立设计师的品牌，商铺的布景非常考究，一路逛过去，即使不买东西，借景拍照也是极佳选择。

[吃遍 ←→ 百味]

在深圳这座移民城市，有哪里来的人，就有哪里的美食。南北半球、八大菜系……在深圳都能找到最正宗的呈现，无论是回锅肉还是烤羊腿，入口的那一刻，填饱了肚子，也勾起了乡情。

2022 大众点评“必吃榜”，深圳共 46 家餐厅登榜，数量居全国前列，既有匠心老店，又不乏新兴品牌。对于每一名吃货来说，深圳就是天堂。来吧，我们一起吃遍深圳。

2022 大众点评
深圳必吃榜

深圳粤菜美食文化
精品旅游路线

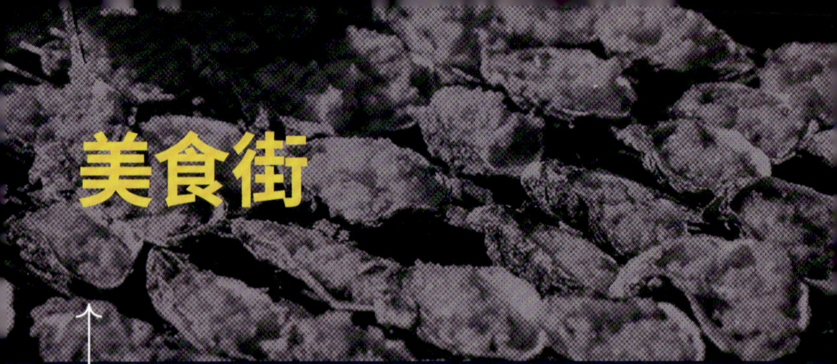

美食街

纯粹海鲜，还得水头

位于南澳半岛的水头，是深圳最纯粹的海鲜街，纯粹得只有海鲜。凭借靠近南澳渔船码头的优势，这里尽管远离市区依然客似云来。30 来家海鲜档口在路边排成一排，档口只卖海鲜，要成菜进食，需要到街对面或档口背后的两排排档加工，收取一定加工费。

购买海鲜加上加工费，消费与在市内吃海鲜差不多，但海边吃的海鲜，味道真的不一样。

乐园路是个不夜城

乐园路地处罗湖区，是主城区内最早形成的食街，至今仍然人气爆棚。餐厅以排档为主，以平价海鲜赚口碑，如果朋友聚会不挑环境，乐园路是上佳选择。

不少餐厅 24 小时营业，华城渔港、金稻园砂锅粥、吴记海鲜大排档、宝发食馆、湛江渔港都人气超高。

最美不过海上世界

这一定是深圳最洋气的一条美食街。异域与中华的美食文化在这里完美地交汇，合围了已经被填海上岸的“海上世界”明华轮，最国际化的深圳就在这里。夜幕降临，霓虹闪烁，桅灯和明月相映时，去海上世界享用晚餐是最佳选择，蘑界、皖厨、谭厨、6号花园餐厅都可以一试。

“十亩地”越夜越繁华

“十亩地”位于福田区车公庙，曾经是一片破旧厂房，2015年改造成为集餐饮、娱乐、休闲、创意办公、运动为一体的超大型商业休闲公园，加上临近CBD，以及香蜜湖食街拆迁，“十亩地”迅速成为深圳年轻人狂欢的不夜城。

“十亩地”能火主要靠氛围，主打年轻消费群体，同仁四季、禄婶鸡煲、大阪烧肉排队很长。

到盐田听涛吃海鲜

盐田海鲜街仍保留昔日小渔村的船坞栈桥，当地村民也一直保持着日日出海的传统。这里十几家海鲜酒家全是海岸边的 3 层小楼，每家酒楼的玻璃海鲜池，养满刚刚被渔船打捞起的生猛海鲜，活脱脱一个微型海洋馆。酒家最好的座位是顶层海景露台，临港而坐，看海听涛，蟹肥虾美，人生如此，夫复何求？

酒楼大多经营午餐和晚餐，师公会、3 号码头、旺富东海值得推荐。

八卦一路不只是连锁

地处福田和罗湖两大中心区交界处的八卦一路，地理位置得天独厚。这里云集的大多是运营成熟的连锁餐厅，例如晓宇火锅、八合里海记、龙巢盱眙龙虾、西贝莜面村、木屋烧烤等，品质和口味都有保障，当然，也有豪林居、老船长、珍探家等特色餐厅值得你玩味。

老字号

唐宫

[吃顿粤菜，梦回唐朝]

唐宫于 1992 年在深圳创办首家门店，于 2011 年 4 月 19 日在香港联交所主板上市，2015 年获评“深圳老字号”称号，是一家拥有唐宫海鲜舫、唐宫、唐宫小聚等 12 个品牌的连锁餐饮集团，无论是家庭聚餐、商务宴请，还是文青打卡拍照、三两朋友聚会，都能在唐宫的品牌店里找到最合适的就餐环境。

唐宫对品牌的解读是“延续大唐盛世之文化，传承中华美食之殿堂”，因此餐厅装修大多采用中国风，以粤菜为主的菜品也注重传承。

丹桂轩

[满身都是深圳气质]

丹桂轩创建于 1994 年，2010 年获选首届“深圳老字号”，是伴随了很多深圳人成长的老牌餐饮名店。

丹桂轩以创新粤菜为主，追求在传统菜式上进行创新，环球美食与地方菜肴并举，很贴合深圳这座移民城市的气质。现已在深圳、澳门等地设立 7 家分店，高端品牌“桂亭”也已开设两家门店。就餐环境高雅时尚，适合家庭聚餐、朋友聚会和商务宴请，其粤式早茶也是深圳人早茶的主要选择之一。

凤凰楼

[寻找记忆中的早茶味道]

作为深圳知名老牌粤式茶楼，凤凰楼承载了深圳人近 30 年的回忆，很多人在这里从 3 岁吃到 30 多岁，是不少深圳人心目中的早茶圣地。虾饺、凤爪、烧麦、排骨这“四大天王”，每桌都不会少，金枕飘香榴莲酥里满满的榴莲肉，香煎腊味芋头糕用腊味的香气点燃了粉粉糯糯的芋头，每一口都很满足。

春满园

[都市里的绿色田园]

春满园是深圳粤菜酒楼的老字号，几乎在深圳各区都开有分店。经过探索和实践，春满园将传统高档粤菜做精做细，并将传统的中式糕点进行改良与创新，打造出一系列具有特色的粤式名菜。在此基础上，春满园逐步创新完善符合顾客健康需求的绿色田园风味菜系列，将烹饪技术和食疗保健结合在一起，利用食物原料的品质特性，做成各种美味佳肴，形成品种多样、风格鲜明的各色系类。

另外，春满园虽然分店遍布，但每一家分店的菜式和味道都不尽相同，因此，每家分店都值得你去尝试。

←→ 深圳老字号

土特产

光明乳鸽

[吃乳鸽不迷茫，光明在北方]

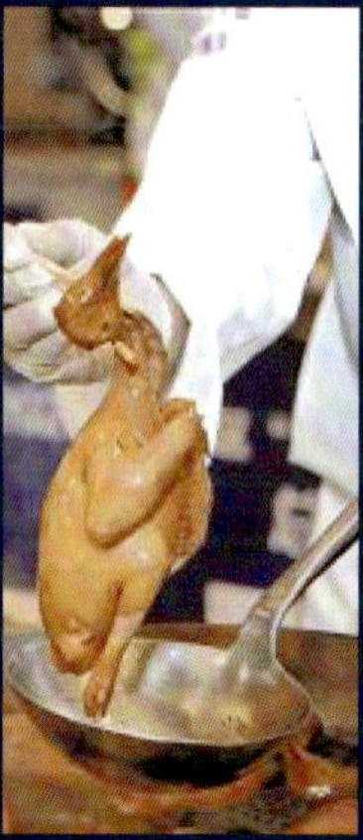

俗话说“一鸽胜九鸡”，重营养的广东人对鸽子的喜爱是与生俱来的。要找最好吃的乳鸽，当然是去深圳西北部的光明招待所。

光明乳鸽 1983 年发源于光明招待所。背靠亚洲最大养鸽基地光明农场，光明乳鸽只选生长期在 25 天至 28 天内的大宝鸽为食材，经过煮、卤、炸等多道工序，皮脆肉嫩，骨香多汁，被称为“天下第一鸽”。除了食材的精挑细选，光明乳鸽烹制的核心在于秘制卤水，传承了近 40 年的卤水用料十分讲究，由 20 多种不同调料和药材同时入汤熬制而成，每种材料都有严格的配置比例，并根据节气的变化进行微调，保持口味始终如一。光明乳鸽在 2011 年获选“深圳老字号”，旺季时，光明招待所一天能卖出 1 万只乳鸽，堪称“深圳网红店鼻祖”。

窑鸡

[“后花园”的主打菜]

在被称为“深圳人后花园”的大鹏半岛，有不计其数的农家乐，但其主打菜品都是窑鸡。

所谓窑鸡，就是把鸡放在一个烧热的小泥坑里“窑”熟。把鸡洗净后，腔内塞入各种辅料，外皮再抹上秘制酱料，用锡纸裹严后塞进烧得通红的泥窑，半小时后即可出窑食用。

窑鸡皮酥肉嫩，味足多汁，是深圳人餐桌上必不可少的一道名菜。

沙井生蚝

[海底沉船产“牛奶”]

沙井生蚝产自著名蚝乡宝安区沙井镇，其蚝体型肥大、色泽乳白、肉质肥嫩爽滑，是深圳最著名的特产之一。

相传，沙井蚝之所以格外光润肥美，是因其不寻常的养殖方法。大约在 200 多年前，有一艘载满缸瓦的木船在沙井附近的海域沉没，当地人惊讶地发现海底的缸瓦片上，都寄生了又肥又大的蚝。从那时起，沙井人就开始利用海区养蚝，并特意在收蚝前把生蚝搬到海水较深、饵料特别丰富的“肥育区”去“寄肥”，养出来的蚝更加丰满肥嫩。

沙井生蚝可生食，亦可采用烧烤、蒸煮等方法烹食，因营养丰富，富含蛋白质、多种维生素及矿物质等营养成分，又被称为“海底牛奶”。

你要不要来一打?

公明腊肠

[宝安的非遗有根腊肠]

公明腊肠始于 1955 年，宝安公明国营食品站的腊肠加工师傅周山，在当地依古法制作腊肠的工艺基础上，对配料大胆进行了调整，创制了一种味道独特的腊肠，食客纷纷称赞其胜过传统广式腊肠，定名为“公明腊肠”，周山即成为其制作技艺的第一代传承人。2017 年，“宝安公明腊肠制作技艺”被列入宝安区第四批区级非物质文化遗产代表性项目名录。

公明腊肠通常取猪后腿的瘦肉、脊背两边的肥肉，加上酒、酱油、白糖、味精、盐等多种调料，以及多味中草药和香料，灌制后稍加晾挂便送入烤炉烘烤，保留了肥肉的香味，去除了肥肉的油腻，口感甜中带咸，咸、香、脆之感流连舌尖，鲜味十足，香气扑鼻，回味绵长。

南北味

楠火锅

[来一个非遗锅底]

起源于 1993 年的楠火锅，其“底料制作工艺”被列为重庆市南岸区第七批区级非物质文化遗产代表性项目，采用五斤牛油一斤底料的正宗重庆火锅味道，配合火锅创意涮菜与甜品的完美结合，成为重庆火锅品牌的典型代表，连续荣登重庆“必吃榜”，号称“川渝排队王”，在深圳的 10 多家分店，也是顾客盈门，生意火爆。

楠火锅装修采取市井怀旧风，让你在品尝正宗重庆火锅的同时，也能领略独特的重庆市井火锅文化。

炳胜品味

[广州粤菜的“草根传奇”]

26 年前，炳胜还是家 86 平方米的大排档，如今却已成为拥有 7 个品牌的“粤菜王国”，在群星闪耀的广州粤菜市场上演了一出精彩的“草根”逆袭，炳胜品味，则是其中最顶尖的代表。

深圳是炳胜品味踏出广州耕耘的第一个市场，从深圳湾万象城店开业之日起就成为排队大户。鲍鱼蒸蚌仔、秘制黑叉烧、捞起鱼生……炳胜所有流芳十几年的招牌菜，在这儿都能大快朵颐，黄灯笼椒熬酱烹制的辣蒸波士顿龙虾，将鲜辣、咸香、酸甜、虾鲜齐聚一盘，让爱吃辣的伙伴也能过足嘴瘾。

莆田

[很接地气的米其林]

莆田是源自新加坡的福建菜餐厅，与印象中穿礼服喝红酒的米其林餐厅不同，顶着米其林餐厅光环的莆田，无论是装修、菜品，还是消费都很接地气。

餐厅装修称不上豪华，但干净明亮，淡蓝色系和波浪线条处处极力营造居家般的舒适氛围，形成莆田特有的品牌形象。菜品是莆田最大的亮点，执着于对食材品质的把控和对经典菜式的传承，莆田在全球华人圈都建立了极高人气，餐厅遍布东南亚、港台和内地多座城市，在深圳万象天地、万象城和平安金融中心等处也开有餐厅。百秒黄花鱼、九转回肠、铁板盐焗蛏子、扁肉汤等诸多菜品均可一试。人均不到 200 元的消费就能享用米其林餐厅美食，性价比直接拉满。

1001 西域餐厅

[餐厅里的“天方夜谭”]

提起“1001”这个数字，第一反应就是奇妙的《天方夜谭》，这家经营时尚西域菜的舞蹈音乐餐厅，就像《天方夜谭》一样集聚浓郁的西域风情。

餐厅装修有着浓郁的楼兰西域风，每晚黄金时间，还有专业演员进行新疆舞蹈专场表演，食客若有兴致，也可以上前共舞，感受新疆舞蹈的热情。

餐厅 80% 以上的原材料都是来自新疆，红柳烤串、大盘鸡、手抓饭是必点菜品。

马旺子

[百菜百味才是川菜]

马旺子 1923 年始于眉山，因创始人马世亨以卖血旺起家，故名“马旺子”。经历了四代传承，马旺子一方面坚守匠心情怀，完美继承了川菜“百菜百味”的精髓，在一众江湖菜横行的餐饮市场上坚守本味，另一方面根据当下的审美融入了精致时尚的元素，将老字号年轻化，成功获得米其林一星认可，即便在成都也门庭若市。

2018 年，马旺子跨出四川到深圳开店，被视为品牌扩张的重要一步。而同时，他家的宫保鸡丁、豆瓣鱼、麻婆豆腐、鸡豆花……也让在深圳的四川人真正尝到了家乡的味道。

金戈戈

[品尝经典的港式风味]

金戈戈的每一只鸡都是自养的山林走地鸡，必须健康成长 180 天，体重超过 4 斤，体态丰韵，曲线动人。这道豉油鸡，比鸡更金贵的是豉油，金戈戈豉油采用古法酿制的头抽，晒足 365 天，把鸡洗净去脏后，卤制 35 分钟，香飘四溢。

站在明档前，一边吞口水一边看师傅麻溜地切鸡、摆盘、上料，也是一道风景线，这些师傅的刀功，都是一个月卖出近万只鸡的销量练出来的。

国际饭

汉阳馆

[你以为是酸菜，它却是牛排]

汉阳馆是深圳知名的韩国料理店，20 年前开业的时候，韩国风在深圳还不太流行，20 年来一批批韩国料理店已经被时间淹没，但汉阳馆却越开越大。

汉阳馆做大做强的原因，是它的“任性”，整整 20 年来，它只卖 10 款烤肉，但款款特色鲜明。调味澳洲谷饲牛排长在泡菜坛里，你以为是酸菜，它却是牛排，把 30 厘米长的牛排用 10 种水果和蔬菜在坛里腌制 20 个小时，想象一下就觉得好吃。还有自带“妖娆雪花”的加拿大 3A 去骨雪花牛小排、味道最刺激的黑白双椒雪花牛肉……20 年来为汉阳馆留下了一批批的食客。

老乾杯

[日式烧肉爱好者集合地]

老乾杯平安金融中心店位于平安金融中心 PAFC Mall 的 9 层，店内环境摩登，服务员极擅长活跃气氛。

该店主打高规格食材，只选用培育 500 天以上的和牛，每一块肉都力求完美，厨师将整块牛肉用推车送到桌边堂做，按照客人指定的厚度现切现制。肋眼牛排和羽下肉是人气菜品，只需五分熟，外酥内嫩，搭配高品质的清酒，完美！

泰珍荟

[全球两家，深圳有一家]

曼谷著名米其林餐厅 Siam Wisdom 的第一家分店就开到了深圳，店名译为“泰珍荟”。泰国菜最著名的就是冬阴功，泰珍荟最著名的就是虹吸式冬阴功。主厨把西式的虹吸壶融入古老的冬阴功，新鲜香料上下萃取两次，柠檬的清香、海虾和菌菇的鲜美，由此变得更加浓郁。该店的主厨曾被 CNN 评为“曼谷十大名厨”，其拿手菜“古法咖喱大肉蟹”据说在泰国都快失传了。慢煮牛肋骨配星空咖喱的牛肋骨，要慢煮 72 小时，青柠檬酸汤龙趸用现打的青柠檬汁，酸味醇厚，让人停不下嘴。

花厨

[可去餐厅买花，也可去花店吃饭]

Tomacado 花厨既是一家餐厅，也是一家花店，以创意西餐为主，也有中式、东南亚创意美食。

花，蕴含自然力量的美；厨，承载烟火气息的爱，当鲜花遇见美食，为都市里忙碌的人们打造出一个城市中的世外桃源，一个充满爱意与美好的第三空间。同时，花厨秉承连锁不复制的理念，每一间花厨，都是一个与众不同的集美食、花艺和生活美学为一体的复合空间。

欧尔巴

[99 楼云端，不恐高的来]

欧尔巴是位于京基 100 大厦 99 楼的意大利餐厅，在 400 米高的云端，品尝地道意大利美食的同时，还能透过落地窗鸟瞰深港两地美景。消费有点儿高，但值得，餐厅在“618”“双 11”等购物节还会推出巨大折扣，让你感觉更物超所值。餐厅的装修是时尚的威尼斯风格，进餐厅就能感受到浓浓的仪式感。菜品不断出新，出品质量也一直保持高水准。

※ 可通过微信公众号、小程序、网站、APP 等渠道获取更多资讯

“深圳吃货小分队”
微信公众号

ShenzhenLOOK

“这，就是深圳”“深圳，拍给你看”“深圳到底有多美”……

Look! my city. 记录这座城市，用眼睛。

这就是“ShenzhenLOOK”公众号，用图片记录深圳的美好日常，发现身边有趣小店，去了解深圳人的生活方式，去感受这座城市的朝气与活力。在这里，说不定就能看到你曾经工作生活过的地方，抑或是你从小长大的地方。

你还可以翻看游玩指南、看展指南、散步指南，甚至是发呆指南，更加深入、更加立体地了解这座宜居宜业宜游之城。

“在你的记忆里，深圳是一座怎样的城市？”

扫码关注
“ShenzhenLOOK”公众号

深圳吃货小分队

推文更新频率挺高，每天都会有美食推荐或探店攻略，各种优惠券也别错过哦。

“小店有人爱”系列专辑：发掘深圳本土的市井小店，它们藏得深，虽然可能环境一般，但却有人爱。

“深圳咖啡小分队”系列专辑：打卡各式各样的咖啡店，提供咖啡地图、咖啡图鉴、咖啡福利等。

此外，还有“深圳老家美食”“深圳烘焙小分队”等系列专辑，挖掘深圳地道美食。

扫码关注
“深圳吃货小分队”公众号

#声明：本书编委会与本书内所有的商家店铺均无商业合作关系，本书未以明示或暗示的方式对商家店铺的经营情况、产品质量等做任何背书，敬请各位读者留意。

看完这本书，你是不是还意犹未尽？欢迎体验这本书的“线上版”——“人才深林”微信小程序。

在这里，有“搞事业”“享生活”等专栏，全景式提供更多就业创业学习生活相关的资讯介绍和指引。在这里，你还可以体验政策查询、政策百科等功能，获取专属于你的政策匹配清单。

扫码关注
“人才深林”微信小程序

后 记

Afterword

已经翻到这一页，证明你的心中正装着一个“深圳梦”。

深圳，是一座梦想之城，更是一座能够让梦想成真的奇迹之城。仅用了 40 多年时间，当年那座“省尾国角”的边陲小镇，已经蝶变为如今的国际化大都市、“创新之城”；当年那座以“三来一补”加工制造起家的“世界工厂”，摇身一变成为科技创新中心、创新城市；从改革开放的试验田，到科技创新的高产田，40 多年来，深圳走过的每一个脚印，都堪称奇迹。

是什么样的力量创造了深圳奇迹？有天时，有地利，但最根本的，是人和。40 多年来，生活在这座城市里的每一位深圳人，都是这场史诗般伟大变革的创造者，他们敢闯敢试，敢为天下先；他们勇立潮头，直挂云帆济沧海；他们携手创造了深圳奇迹，他们中的每一位都在身体力行地为深圳精神作着最精准的注解。他们，是这座城市真正的灵魂。

因为勤劳勇敢的深圳人，这段奇迹已经持续了 40 多年；因为敢闯敢干的深圳人，这座奇迹之城依然还在日新月异。这座城市，有无数的梦想，等待着你来变成现实；整座城市，张开双臂，欢迎着你的到来。

于是，就有了《深爱你 圳等你》的诞生。这本书不厚，却凝结了深圳人的热情和包容，凝聚了深圳对人才的渴求。希望这本小书，能带你完成你与深圳的初识，让怀揣着“深圳梦”的你，见字如面；希望这本小书，能方便你来到深圳，认识深圳，安家深圳，并从这本书开始爱上深圳；希望这本小书，能引领你读懂深圳这本“大书”，在这片神奇的土地上，写下人生中的一个个奇迹。

深爱你，圳等你。

深圳市人才工作局

圳等你

致亲爱的你

世上最浪漫的事情

莫过于

你点亮了这座城

它成就了你的梦

梦想的深处

是绚丽未来

TO DEAR YOU

THE MOST ROMANTIC THING IN THE WORLD

IS NOTHING MORE THAN

LIGHTING UP A CITY

A CITY WHICH EMPOWERS YOUR DREAMS

DEEP IN THE DREAMS

IS A BRIGHTER FUTURE

Shenzhen Loves and
Longs for You

Fall in Love with Shenzhen
from This Book

从这本书开始爱上深圳

图书在版编目（CIP）数据

深爱你 圳等你 / 深圳市人才工作局编著 . -- 深圳 : 深圳报业集团出版社 , 2023.7

ISBN 978-7-80774-059-9

Ⅰ . ①深… Ⅱ . ①深… Ⅲ . ①深圳－概况 Ⅳ . ① K926.53

中国国家版本馆 CIP 数据核字 (2023) 第 100972 号

深爱你 圳等你

SHEN AINI ZHEN DENGNI

深圳市人才工作局 / 编著

责任编辑：钟 婷
校 对：杨 杰 何杏蔚 廖安妮
排 版：深圳商报文创设计事务所
视觉设计：深圳广播电影电视集团人才宣传工作室

深圳报业集团出版社出版发行
（深圳市福田区商报路 2 号 518034）
中华商务联合印刷（广东）有限公司印制
新华书店经销

开本：889×1020mm 1/32
字数：430 千字
版次：2023 年 7 月第 1 版 2023 年 7 月第 1 次印刷
印张：8.5
ISBN 978-7-80774-059-9
定价：82.60 元